陪孩子走稳人生第一步

景致_著

浙江教育出版社·杭州

序

都说"医不自治，人不渡己"。

年轻时的我，无知者无畏，觉得那是别人为自己的无能找的借口。如果有朝一日，我有了宝宝，一定可以做个轻松快乐的妈妈，教出聪明健康、活泼可爱的宝贝。

我从不怀疑自己对这件事的胜任力。

毕竟从幼儿师范学院毕业后，我在一线带班一带就是11年，从小班到大班，也带了三四轮。如果要成为某个领域的专家，至少要投入"一万小时"的时间去学习和精进，那时的我在幼儿园老师的岗位上，已经投入了2个"一万小时"。除了每天带着孩子们开展一日教学活动，帮助家长们解决育儿问题，我还在职读完了学前教育的研究生，成了省级教育科研带头人，获得省级教育科研成果一等奖、省级公开课一等奖，多次荣获省市级优秀教师和名教师的称号……我经常庆幸自己生在一个好时代，一个一线幼儿园老师能得到的荣誉，我全都拥有了。

后来，我走上园长的工作岗位，从公立幼儿园调到外资幼儿园、国际幼儿园，再后来成了国际早教中心运营总监。我不仅关注孩子的成长，也不断给家长们开设父母课堂：给他们分享有前瞻性的育儿理念、实用的育儿方法，帮他们解开心结……

站在一个教育从业者的角度来看：只要我努力，就会有正反馈。我总以为可以同时照顾成百上千个孩子和他们的家长，如果有了自己的孩子，我应该游刃有余。做父母真的没有那么难。

但是，生活就是一个大型的"打脸"现场。

儿子豆豆的出生，就如迎头一盆冷水，生生把我泼醒了：有些事真的不是你努力就有结果！比如：养孩子，做父母。一不小心，用力过猛，就会让你措手不及，甚至直接崩溃。

三张病危通知单

家长们都说我不会起名，叫"豆豆"，所以他才会提前两个半月早产，出生时只有 3.2 斤，是个名副其实的"小豆豆"。

真实的情况是：31 岁时我怀上了豆豆，那是 2008 年，我正在金宝贝早教中心做总监。（因为当时的学前教育专业都不包含 0 ~ 3 岁的内容，而金宝贝是第一个走入国内的早教品牌，我想在实践中研究孩子 3 岁前的成长规律。）怀孕后期我的体重涨到 185 斤，血压飙升到 220 毫米汞柱，当时我还以为是因为给血压仪换了新电池，数据不准，所以一直坚持正常工作。但是在一次例行产检的时候，我直接被推进了重症监护室：重度子痫前期。没错，就是与《北京遇上西雅图》里汤唯饰演的孕妇一样的症状。

随着病情不断地恶化，我的血压降不下来，浑身浮肿到抽血都找不到血管，随着蛋白质的不断流失，孩子在肚子里很久没有长体重了。于是，医生开出了第一张病危通知单，在后面的一周里，同样的病危通知单医生又开了第二张、第三张。

那是我生命中最漫长的七天。

我浑身插满针头和管子，一个人孤零零地躺在重症监护室里，全身唯一能够正常活动的是眼睛。但是一想到孩子摇摇摆摆向我走来的样子，我就咬紧牙继续坚持，直到最后，被迫提前10周剖宫产。

豆豆出生后，我没有像其他大部分妈妈一样，醒来第一眼就看到宝宝：因为早产，发育不全，他进了保温箱，要上呼吸机……已经被转院了。我一下子感到身体和内心都被掏空了，就是那种扔个针头下去，都有回声的空。

也在那一刻我才理解到：都说老师像妈妈，但老师永远没有办法和妈妈画上等号，因为孩子有时是妈妈拿命换来的，是她身上掉下来的肉，是她心尖上最柔软的那一部分。

但是对于做妈妈这件事，没有人天生就能做得得心应手，我也不例外。

焦虑，从第一眼看到儿子开始

出院第三天，我在儿童医院，第一次见到了豆豆。

隔着观察室的玻璃，小小的他静静地躺在保温箱里，头发被剃了一块，插着呼吸机和输液管。浑身皱巴巴，又黑又黄，很多宝贝出生就嫌小的新生儿尿不湿，对他来说却大到能提到胸口了，有种不可描述的窘迫，两只小手偶尔在空气中挥舞，手指细得可以透光……

我正式开始体验做妈妈的焦虑。

在保温箱里待了一周后，在我的执意要求下，签署了责任书后，豆豆回家了。

三月的重庆还是有些冷，突然有一天，儿子睡着了以后，怎么也叫不醒，浑身冰凉，我尝试听他的心跳，甚至伸手试探他的鼻息……或许是他太小了，完全感觉不到心跳和鼻息。

那是我人生第一次感到恐惧。

记不得是哪本书上的方法，等救护车的过程中，我解开自己的衣扣，躺在床上，让豆豆贴在我的胸口，听着我的心跳，用我的身体去温暖他，希望能帮他熬到救护车来。

我在心里不断地祷告：老天啊，请不要把他从我身边带走，只要能让他活下来，我愿意拿一切去交换。

结果，他活下来了。

但是接下来我就面临着一系列的挑战：

豆豆肌张力弱，别的宝宝出生时都是攥着小拳头，而他天生兰花指；

别的宝宝都能抬头了，而他像是头上压着一座大山，脸憋红了都抬不起来；

他的脐部没有长好，哭的时候有枣子大小的疝气，跟着他的气息在起伏；

因为头太小，乳头、奶嘴都含不住，不断被呛哭，呕吐……

我抑郁了，产后抑郁：为什么我那么喜爱孩子，认真做了十几年老师，帮助了那么多的家长和小朋友，而上天却给我了这样一个不一样的宝宝，对我这么不公平。

后来还是希望之家福利院（HOME OF HOPE）的内森（Nathan）先生的一段话，让我重燃了信心：

"简（Jean），你非常年轻的时候，就是大家眼里的教育专家，给父母们讲各种方法。但是，你是老师，不是妈妈。现在豆豆的出生，给了你一次机会，如果你连豆豆都能养好，那证明你是真正的专家。豆豆是上天赐给你最好的礼物，来教你如何做一位真正的母亲。"

从那一刻起，我满血复活了，不再精神内耗。

我翻阅各种国内外书籍论文，尝试着用不同的方法去帮助儿子，改善他的饮食状况，建立好的睡眠习惯，很快他追上了同龄小朋友的发育标准；我每天坚持给他做抚触按摩，坚持做大运动和精细运动的训练，在早教中心的运动课上，他已经完全可以胜任了；甚至连他的脐疝，也被我用自己研究出来的小妙招给搞定了……

陪伴他一路成长，我深刻体会到：比起带好一个班几十个孩子，带好家里一个孩子其实更难。

"小豆豆"现在已经是初三的大孩子了。他阳光自信，诚实勇敢，是一个妥妥的小暖男。

感谢他的到来，让我重新梳理了自己的知识体系，也体验了所有妈妈的心路历程，完整地总结了从宝贝出生到入园，再到幼升小，最终独立面对学校生活的整个过程。有了系统实用的育儿方法，我也从焦虑中走了出来，开始享受孩子和自己成长的快乐。

所以，如果你也是新手父母，也经常为育儿焦虑，束手无策，甚至情绪失控……你不需要为此自责，我们都不是完美的父母，你在养育孩子的同时，孩子也在教会你如何做一位有智慧的父母。

关于这本书

时光飞逝，我已经不再做园长了，我有了自己品牌的儿童中心。

一届又一届的孩子们学着我编写的游戏课程，顺利地升入小学，走稳人生的第一步；同时，我曾经在幼儿园一线教过的孩子们，也都 30 多岁了，陆陆续续都做了父母，于是我又开始忙碌，不断接到他们的求助：

"景老师，我家孩子怎么就坐不住呢？一学习就走神！"

"我省吃俭用给他报兴趣班，为啥他总是半途而废呢？"

"孩子为什么记吃不记打，总是不听我的话？"

"教孩子怎么这么难？"

"养孩子太贵了，养不起了呀！"

……

于是，我决定站出来，帮助我曾经的"孩子们"。

我开始在短视频平台持续输出育儿方法，给家长们直播答疑，一年的时间就拥有了近 50 万名粉丝。我录制了一系列家教课程，比如"幼儿园家长必修课""入园家长必修课""儿童敏感期解读""入园准备训练营"等，有 1 万多名 0 ~ 7 岁孩子的父母进行了系统的学习。有位北京的妈妈半开玩笑地说："景老师的育儿课还能治病呢。孩子两岁的时候我遇到景老师，那个时候小区里的妈妈都在内卷，从识字到英文，再到数理逻辑训练……孩子和我都很痛苦。在巨大的精神压力下我都'早更'了。"但是当她认真地学习之后，现在小区的"赛诗会"他们不再参加了，有了科学的教育观念和方法，妈妈更多的是在培养孩子的兴趣和习惯。慢慢地孩子越来越好，妈妈的"早更"也消失了。

我对她说："感谢你自己吧！是你愿意通过学习，改变自己。当你的心里有了目标，手里有了方法，眼中有了孩子，自然就情绪稳定。先有关系，再有教育，咱家宝贝会越来越好的。"

我带领家长们了解孩子的成长规律，激发孩子内在的驱动力，家长们发现原来自己的宝贝这么棒，不仅专注还有探究的兴趣。

我教会了家长们读懂孩子的性格，家长们惊喜地发现和孩子沟通变得轻松了，回到家里，再也不会鸡飞狗跳，一地鸡毛了。

只要家长们抓住生活里的教育契机，遵循孩子思维发展的规律，在家就能培养孩子的社交能力、自理能力、良好的生活学习习惯。就连让家长们头疼的知识启蒙，我也手把手教他们，把生活当成孩子的课堂，轻松解决，关键是不花冤枉钱，还能帮孩子和家长们节约更多宝贵的时间，少走很多弯路。

　　总之一句话：家长们读懂了孩子，激发出孩子的自驱力，就能看到不一样的宝贝。

　　应家长们的要求，我把这些都写在了这本书里。希望每个父母都能通过学习，用高质量的思考，代替低质量的忙碌，享受你和孩子共同成长的亲子时光。

　　在此感谢豆豆，帮我成长为一个幸福的母亲；

　　感谢我的学员家长们，坚定了我动笔的决心；

　　同时感谢我家金先生的陪伴，让我坚持下来。

　　有你们真好!

景　致

2023 年 9 月 24 日

目 录

01 自驱是成长 第一步

02 性格类型决定培养
自驱力的方式

03 兴趣是点燃
自驱力的火种

04 好习惯是一种
自我驱动

05 内在动机是
社交的原动力

01

自驱是成长第一步

自驱让孩子与众不同

有个自驱力强的宝贝，妈妈有多省心？

用家长们最头疼的一件事——孩子做事总是慢慢吞吞、拖拉磨蹭来举例子，一般家长们老是催孩子：

"快点行吗？我们要迟到了！"

"快点起床，赶紧的，我数一二三！"

…………

这是什么？是家长给孩子的催促，是外驱。

有些家长说，我可尊重他了，给他买了闹钟，买了计时器，让他自己把握时间。我想问一问，这是不是依然是外驱？只是妈妈的"一二三"被闹钟的"丁零零"代替了。

根本原因是：孩子这时还不理解时间的概念，没看过"时间的样子"，而总是迫于大人的催促和呵斥来被动接受"指令"。

而内驱，是让孩子看见"时间的样子"，让孩子主动找到自己要管好时间的理由。

基本上我的学生家里都会有孩子专用的沙漏（有机玻璃材质，防摔的）。只要和孩子约定好激励制度，每个孩子都可以自驱地管好时间。

比如说收玩具，和孩子商量好 10 分钟收完，就把计时 10 分钟的沙漏摆在那里。

引导孩子观察沙子流走的过程，这就是时间流逝的样子。已经用了多少时间？让孩子看看沙漏下部有多少沙子。还剩多少时间呢？让孩子看看沙漏上部还剩下多少沙子。

孩子对此一目了然，就知道主动把控时间了。

如果孩子提前完成了收玩具的任务，妈妈可以把提前的"时间"奖励给孩子。比如说，孩子提前 3 分钟收完，那就让他自己决定是看动画片时加上这 3 分钟呢，还是和小朋友们玩游戏时加上这 3 分钟。这是告诉孩子，可以把节约的时间，加在自己每天的"快乐时光"里。（温馨提醒：每天看电子产品的时间是有"封顶"要求的，不能无限制增加。）

很快，你就会发现，每天都有惊喜出现：

"妈妈，我已经把书柜整理好了。"

"妈妈，我作业写完了，提前了几分钟？"

…………

这种情况下，大人要做的事情也变得简单了，那就是真诚地表扬和肯定孩子。

"有你真好，妈妈真省心啊！"

"做你的妈妈真幸福！"

有了自驱力的孩子，会主动从生活和学习中获得乐趣和成就感。所以遇到问题他们不会轻易放弃，就像汽车装上了发动机，动力满满。

而缺乏自我驱动的孩子，就像拆掉了发动机或熄火了的车子，你推一推，它动一动，你不推，它一动不动，甚至还会顺着坡往下溜，出现能力倒退的现象。

所以，培养孩子的自驱力是父母在孩子 6 岁前最重要的工作之一。掌握了正确的方法，你和孩子都会越来越轻松。

可能有人会问，有自驱力的孩子都有哪些特征？我怎么判断我家孩子有没有自驱力呢？

我这么多年和孩子在一起，并不难发现，有自驱力的孩子其实是有很明显的特质的。

有自驱力的孩子都有自主感

如果孩子可以选择自己想做的事情，那么他们就会显示出高度的积极性和主动性。

不信你回想一下，小到上幼儿园要穿什么衣服，早餐吃什么，睡前故事读什么，大到给孩子选兴趣班……但凡把选择权交到孩子手里，他们一定会很积极地响应，并且很好地完成。

对家长来说，孩子想做什么，在保证孩子安全的前提下，放手让他去实现自己的想法就好。

有自驱力的孩子都有目标

当孩子觉得自己想要完成某件事时，就有了目标感。所谓心之所向，无往不成。孩子想做的事情，往往都能做成。

就以我们儿童中心的钉板游戏为例：孩子需要用小木槌把不同形状的彩色木块按照自己选择的作业内容，用小钉子钉在软木板上，完成作品。

很多家长都觉得，这个游戏太危险了：钉子扎着手怎么办？锤子敲到手怎么办？

这些担忧我能理解，但是几年下来，我们也没有发现任何一个孩子受到家长所担心的伤害。一个有目标感的孩子，可以坐在那里认真操作几十分钟，直到完成自己心仪的作品。而且，完成作品的过程会给他们带来巨大的成就感，让他们愿意继续挑战更高难度的目标。

一般来说，孩子为自己定下目标后，会一步一个脚印地去完成。家长们不需要过多干预。除非是目标太大，家长可以引导孩子做切分，把大目标变成一个个的小目标。剩余的，就交给时间，静待花开就好了。

有自驱力的孩子都有胜任力

有自驱力的孩子，都是在父母正确的鼓励和赞美中成长起来的，他们相信自己可以做好要做的事情。

当孩子制定了适合他的目标，并通过努力完成后，就会从自我评价和父母的正反馈中培养出胜任力。

制定目标的过程中，必然会涉及儿童"最近发展区"。所谓"最近发展区"，指的是孩子现有的水平和经过引导后达到的水平之间的区域。

比如，我带一群孩子去果园摘苹果。高度在手边的苹果，以孩子现有的水平轻松就能摘到，可是摘不了几个他们就不想

摘了。为什么？无聊啊，没挑战性！那些跳一跳才能够着的苹果，才是孩子们的目标。他们都想跳着、比赛着摘苹果，想去挑战自己。

可是，家长的想法和孩子不一样。他们总希望孩子能摘树顶上最红、最大、最漂亮的苹果。你给孩子设定的目标，他们搬梯子都够不着，这就大大挫伤了孩子信心。他们可能会因为难度太大而选择放弃，

导致半途而废。这就是忽视了孩子的最近发展区所带来的恶果。

所以，家长要观察孩子现有的水平，在现有基础上，跳一跳就可以够着的高度，才是给孩子制定目标最合适的范围。

举个例子，我们让孩子学习识字，如果不是从很简单的象形字"水""山""日""月"开始，而是从三个水的"淼"字，三个土的"垚"字开始，孩子一看就蒙了，请问他还有没有自驱力，还愿不愿意学习？由此可见，给孩子制定合理的目标，是培养胜任力的保证。

有自驱力的孩子都有满满的安全感

有自驱力的孩子，在自主探索的时候都很放得开，也更投入，他们的安全感很足。这是因为他们从小就生活在一个充满爱和支持的环境里。家长如果不支持孩子，那会是另外一种场景。

比如说，孩子第一次倒果汁，手眼不协调，洒了一桌子，还弄湿了地板。

有些家长会说："你看，搞糟了吧，弄得哪里都是！""快放下，快放下，妈妈又要打扫半天……"孩子会以为，自己倒果汁就是犯错误，会被批评，那以后就乖乖坐着等大人去做吧。时间久了，孩子就成了家长眼中的"懒虫"。

另一些家长呢，看到了却不着急批评孩子，而是给孩子鼓励："洒了，没关系。我们拿稳了再试一次，好不好？"孩子在鼓励下，终于成功地给自己倒了一杯果汁，家长不妨也给自己倒上一杯："祝贺宝宝学会了自己倒果汁，以后想喝果汁，就可以自己动手了。"这会儿，你可以观察一下孩子，他是不是喝得更开心了？

不难看出，你越打击，孩子越没自信；你越责骂，孩子越不想学。允许孩子犯错，保护好孩子尝试的勇气，他们才能越挫越勇，愿意继续努力。

还记得我经常说的那句话吗？父母要和孩子一起战胜困难，而不是和困难一起把孩子打倒。我始终相信，父母只要找准自己的位置，科学地引导，就能培养出有自驱力的孩子。

如何培养有自驱力的孩子？

那么，怎么有效地干预，让孩子拥有自驱力呢？我给家长三个建议：

做一个好的观察者

家长只有学会观察孩子，才能更好地教育孩子。

观察什么？观察孩子所处的敏感期，观察孩子的天赋和性格特征，这样才能找准每个孩子独特的教养方式，才能真正做到因材施教。

我建议每个家里有 0 ~ 6 岁孩子的父母，都要认真了解一下敏感期（本书后面有专门的版块详细讲解）。一旦对敏感期有了认识，育儿过程中的很多问题都会迎刃而解。这就像没有天气预报的古代，农民种地要懂二十四节气一样。敏感期就是0～6岁孩子成长过程中的"二十四节气"——成长规律。

举例来说：4～12个月时，孩子处于口部敏感期，嘴巴是他们探索世界的工具，不管看到什么都会往嘴里塞；到了24个月前后，孩子到了自我意识敏感期，总把"不""不行""不吃""不好"挂在嘴上，就是家长说的"麻烦的两岁"；到了4岁前后，孩子进入执拗敏感期，开始动不动乱发脾气，总和家长对着干；有些孩子，每天上幼儿园都要对衣服挑来挑去，玩具磕了一下就不要了，吃东西一定要吃最完整的那个，这是孩子到了审美敏感期的表现……

学过这些知识，掌握了科学的规律之后，家长就会发现：哦，原来全世界的小朋友都是这种表现，我家孩子是正常的啊。这样，你就不那么焦虑了。

家长朋友们，只要你认真观察孩子的行为，就可以很快匹配上他所处的敏感期，满足孩子的需求，你感觉省心，孩子也会健康成长。

做一个好的支持者

想培养一个有自驱力的孩子，父母一定要做孩子的支持者。

声明一点：我所说的支持，不是要你花多少钱，也不是要你报各种兴趣班，而是发现孩子内在的需求，并且创造环境、创造条件去满足他。这些支持都是生活里的小事，不会让你为难。

刚刚提到的 4 ~ 12 个月的口部敏感期，孩子不是喜欢用嘴咬东西吗？我们这样支持他：把孩子手可以触及的玩具、物品都洗干净，消好毒，放心大胆地让孩子用嘴巴去探索吧，这样以后咬手指、咬衣服角的行为就不会出现在孩子身上，因为他在敏感期已经得到满足了。

24 个月前后"麻烦的两岁"，孩子不是喜欢说"不""不行""不可以"吗？我们这样支持他，尊重他：不跟孩子讲道理，不给孩子说教，只需转移孩子的注意力，他不就不顶嘴了吗？然后做正确的示范引导他，既保护了孩子的自信心，又让他顺利度过人生的第一个叛逆期。

4 岁左右的执拗敏感期，虽然孩子能听懂你的话，但是你所讲的道理，他听完扭头就会忘，那我们就这样支持孩子：好，按你说的试试看！我们把试错的机会给孩子，支持孩子从实践中获取经验。不要总是要求孩子服从你的指令，被动服从的孩子长大会没有主见。

到了审美敏感期，孩子非要大冬天穿条裙子，下面套条花秋裤去上幼儿园，或者非要红色上衣配条绿色的裤子，不怕，我们这样支持孩子：好的，就按你说的办！让他们独特的审美得到尊重，老师和小朋友的反馈，会让他们不断地进行自我调整，也不会导致因审美意识被长期压制而在青春期出现各种叛逆穿搭，让你措手不及。

…………

总而言之，0 ~ 6岁孩子的父母，就是要创造环境、创造条件，支持孩子去实践、试验他们的想法。只要不伤害自己，不打扰别人，不破坏环境，都应该支持孩子。

支持孩子去做，他也许会失败，但他不求助，你就不要介入。那是属于他的成长经历，不是你的。坚持下来，有一天你会惊喜地发现：当其他孩子一遇到问题就向周围人求助，就想放弃时，你的孩子却说："不要动，让我想一下……"你是不是很欣慰呢?

做一个好的倾听者

直播间里经常有家长提问：

"景老师，我家孩子在幼儿园被小朋友推了，不知道还手，怎么办? "

"景老师，别人把我家小朋友的东西抢了，他不知道抢回来，怎么办? "

"景老师，别人不跟我家孩子好了，他很伤心，怎么办? "

我通常都会告诉他们，管好自己的嘴，做个好的倾听者。

一般来说，只要不是特别糟糕的情况，孩子告诉你他的经历，目的不过是倾诉一下而已。这和你遇到压力想要找朋友喝茶聊天是一个道理。我们要做的是：听孩子讲，共情孩子的经历，接纳孩子的情绪。等孩子情绪稳定了，他问你："妈妈（爸爸）我该怎么办? "这时候你再介入，再给他建议。

家长们不要事事都参与，甚至替孩子出头，替孩子讨回公道。孩子的社交能力，是他在与同龄人的社交活动中，通过自己的实践培养出来的。在幼儿园你替孩子出头，那小学呢？中学呢？走上工作岗位呢？恋爱婚姻呢？……不要因为我们过度介入，而让孩子丧失了判断能力和锻炼自己的机会，最终变成"妈宝"。

"做一个倾听者"，不打扰孩子，听上去很简单，可是很多家长却做不到。

以专注力为例，其实很多孩子天生就有很好的专注力，但家长做的一些事情，对孩子反倒是一种打扰。比如：

"宝贝，你在这儿看蚂蚁搬家这么久，热不热？来擦擦汗。"

"宝贝，要不要喝口水？你都看了这么久了。"

"宝贝，我跟你说，按照你这样摆积木，两层以后它就会塌，你信不信？你听我的，你要这样做。"

…………

家长这样做，大多是因为他们不想孩子犯错、不想孩子走弯路，只想给他最好的答案。但是，外部干预越多，孩子的专注力越差。最后可能变成，孩子作业写完了，却从来不检查。因为在他看来，是妈妈（爸爸）让他写的，他写完了。妈妈（爸爸）总是挑他的错，那就让妈妈（爸爸）来检查。随着孩子长大，他会让家长越来越头疼。

总结一下：家长要做观察者、支持者、倾听者，这会让孩子遇到更好的自己。

放手让孩子去做。毕竟，犯错并不可怕，可怕的是孩子根本不知道什么是错。只有犯过错的孩子才会成长，从不犯错的孩子一辈子不会成长。

养育孩子，躲过这些坑

20多年来，我迎接一批又一批的孩子入园，又亲手送一批又一批的孩子毕业。我看到自己当年教的小朋友们，现如今一个个走进社会，建立自己的小家庭，成了父母，有了自己的孩子，过上了幸福的小日子。

可是不知道从何时起，大家都在抱怨"养孩子难""养孩子贵""养孩子压力太大了"。

在心疼这些年轻父母的同时，我在思考：到底发生了什么，让年轻的父母产生谈孩子色变的感受？这才是学龄前啊，还没有开始正式的学业考核，父母们就开始焦虑了。陪孩子走稳人生第一步，有这么难吗？

但是当我以妈妈的身份，陪儿子上完四年幼儿园，并在平台上带领上万个父母学习科学育儿后，我才发现：原来，家长们为了教好孩子，竟然这么卷，这么累！即使是孩子们，放学之后，也比在幼儿园里更累！！问题到底出在哪里呢?

仔细分析你就会发现：家长们是因为不了解自己孩子的成长规律、年龄特点、性格差异，所以盲目从众，参与内卷，掉进了育儿的陷阱，自己却浑然不知。

育儿中常见的四大陷阱

第一个陷阱：一定要赢在起跑线上

这是很多家长焦虑的根源。

看看自己周围吧，很多家长相信甚至信奉"让孩子赢在起跑线上"，以为孩子学得早，学得多，就能先人一步，捷足先登，未来成为"小学霸"。

醒醒吧家长们，这是养育孩子，不是在赶路。

我从教这么多年，没见过家长带孩子"赢"在起跑线上的，看到更多的，是家长花了一堆冤枉钱、走了许多冤枉路，和孩子一起累倒在起跑线上。

比如说，很多家长想让孩子练就一手好字，以后写作业干净整洁。出发点没错，但是看看家长们都做了什么?

孩子才三四岁，就让他们握着细细的铅笔，在很小的田字格里开始练字了。因为家长们觉得，学得早，练得多，就能写好，熟能生巧嘛，这样就能赢在起跑线上了。

实际上，这是违反成长规律的，是揠苗助长的行为。孩子那么小，手部肌肉还没有发育完全，手眼的协调性、肌肉的控制都达不到书写的要求，而且很多孩子握笔姿势都是错误的。他写得慢，写不好，是很正常的。但在受到批评时，孩子就会对自己产生怀疑，觉得自己很"笨"。慢慢地，孩子会讨厌写字，害怕写字！

个别家长会说：写不好是练得少，多写写就好了。这也许没错，古人颜真卿五岁开始练字，王羲之三岁半开始练字，欧阳询四岁开始练字。但是，古人开始学习书法写的是"大字"，没错，是毛笔字！大大的格子！而现在孩子们写的是什么？是田字格里的"小字"。两者真的不可同日而语。

而且很多家长把"写不好，再写"挂在嘴边，相当于把书写和惩罚画上了等号。你想这么小的孩子，会对写字有兴趣吗？

家长对孩子的期待和孩子的年龄特点不符合，花了很多时间与精力，只给孩子传达了一个信息：你不行，你不会，写字太难了。这样就给孩子制造了一个困难，并且和这个困难一起，把孩子打倒了。

孩子的人生，不是短跑，而是一场马拉松。不是要比谁起跑更快，而是要让孩子明白自己为什么要奔跑。明白了奔跑的意义，才能有持久的动力，坚持跑到终点。换言之：我为什么要学习？学习到底给我带来了哪些快乐的体验？明白这些，孩子才会有自驱力，而不总是依靠外力的催促。

0～6岁，父母给孩子最好的教育，是了解孩子的年龄特点，保护好孩子对世界的好奇心，观察、培养孩子的兴趣，支持他们成为更好的自己；而不是因为隔壁家孩子、班里的其他人都在内卷，就带着孩子奋不顾身，一起卷入其中。

如果真的可以"赢在起跑线上"，那么孩子的起跑线，就是父母的认知和科学的教养方式。

第二个陷阱：花大价钱上早教班

这是家长觉得养孩子"贵"的第一站。

几乎每一个家长都愿意在孩子的教育上投入，这本身是没问题的。只是有些家长把钱花错了地方，一旦投入进去，看不到成果就会焦虑。比如：看到别人家的孩子报了早教班，也想给自己的孩子报一个；看到人家孩子英语说得很棒，就赶紧报班让自己的孩子学起来。

你报线上早教，我就报线下的；你报中文的早教，我就报英文的早教，报全外教的早教。动辄几百甚至上千元一节的全外教早教课，家长们争着报。都想着一分价钱一分货，那么多钱花出去了，自己的孩子应该成绩不错，应该比别的孩子聪明。

可是，家长们，醒醒吧！学习任何一门语言，都要经过输入、内化、输出三个阶段。如果你家没有英语的语言环境，光靠早教课，很难让孩子学好英语。你可以想想：一星期只有1个小时的外教课，剩下的6天23个小时里，孩子有机会用英语交流吗？没有语言环境，他怎么记得住？

反过来说，你家有英语环境，不用上早教中心，孩子在生活中通过"用"英语，就能把英语学好，为什么还要把孩子送到早教中心上这每节 1000 多元的早教课呢？用这些钱带着孩子行万里路，见识更大的世界，这不好吗？

早教是这样，各种兴趣班和知识启蒙班也是一样的。

想要提升孩子的能力，不一定要去早教班。

但凡家长掌握一些孩子的敏感期知识，就知道：0 ~ 6 岁，对孩子最好的教养，是在保护好孩子安全的前提下，在生活里开发他的五感（视觉、听觉、嗅觉、味觉、触觉）。回想一下你孩子上的早教课，是不是也都是围绕这些进行的？所以，父母完全可以通过多种渠道收集一些早教课程的活动方案，然后在生活里给孩子优质的五感刺激，这样就能为孩子以后的学习生活打好大脑发育的硬件基础。还有些家长会问怎么培养孩子的社交能力，当然也不是在早教中心，而是在小区的绿地、社区的公园等孩子真实的生活环境里。

在很多人看来神秘的早教其实就是薄薄的一层窗户纸，捅破了你就会发现，好的早教不是在早教中心里，而是在日常的生活里，父母才是孩子最好的老师。

教孩子，真的没你以为的那么烧钱。

第三个陷阱：给 0 ~ 6 岁的孩子讲道理

这是很多家长坏情绪的来源。

科技飞速发展，知识更新的速度也越来越快。父母们在职场、生活中的安全感越来越低，感觉自己的人生有很多不可控的因素，这给年轻的父母带来了巨大的精神压力，甚至是恐慌。

由此，父母们对孩子的未来有了更多的担心。

于是，很多家长固执地想让孩子完全按照自己的设计来成长，不犯错，不踩坑，不走弯路。孩子但凡和自己想象中的不一样，家长就要和孩子讲各种道理。

对此，我想对家长们说，你发现了吗？你苦口婆心地给孩子讲道理，把自己累得筋疲力尽，孩子却往往不为所动，甚至问题会越来越严重。

事实上，你不需要给孩子说教，而要让他们去经历、去体验。在这之后，他们自己就会总结，并且把这些经验牢牢记在心上。

举个例子，你常常提醒孩子走路要看脚下，他总是记不住。但是当孩子不小心摔了一跤，下次他就知道：哦，我得看路，否则摔倒了会疼的。

还有，我们告诉孩子，打火机很危险，不要随便动。他们的耳朵根本听不进去道理，听不到"不要"，只听得到"打火机，打火机"！他们反而会在家长不在的时候自己去尝试打火机是不是真的危险。

隔壁邻居家的小丸子五岁了，是个可爱的小姑娘。放学回来，爸爸让她把院子里的树叶捡捡，小丸子说："那是大人的工作，我不做。"我说："小丸子，你信不信这些树叶可以点着？来，咱俩把它们收集到一起，点个火，就像点篝火一样。"小丸子一听，说"好呀好呀"，就跟我一起捡树叶。

把树叶堆成一堆后，我用打火机点燃树叶，小丸子很认真地观察我的动作。我说："小丸子，你来试试看！"她说："不，只有大人才能用打火机，我现在才上中班。"她为什么会是这个反应？是因为我拿着她的手，从打火机的火苗上空快速地扫了一下，她发现了：烫！她就知道，打火机危险，自己得离它远一些。

对于学龄前的孩子，父母们一定要记住：听了，他会忘记；看了，他会记住；做了，他能理解。同样地，道理不是讲出来的，与其喋喋不休，让自己抓狂，不如在确保孩子安全的前提下，让他们大胆地去尝试、去体验，他们自然会总结经验，知道以后该怎么做。

记住，不要担心孩子不听你的话，而要担心他们总是看着你，因为你的一举一动都在给他们做示范。管好自己，比你时时刻刻想管好孩子，是不是会让你轻松很多？

第四个陷阱：学了很多育儿方法，还是教不好孩子

这是很多家长努力无果后，产生挫败感的来源。

年青一代的父母已经很清醒地认识到：父母只有孩子的出生证，没有父母上岗的资格证。所以，大家都在积极地学习各种育儿方法。买书，买课，听专家的直播……一顿操作下来，却突然发现，为什么在别人身上管用的方法，到了自己孩子身上压根儿一点都没用呢？

其实，仔细观察你就会发现，方法没有问题，只是针对不同性格类型的孩子，用同一种方法，效果是千差万别的，这就是"因材施教"的现实写照。

举例来说，老虎型的孩子，永远觉得自己是对的，父母一个劲地跟他讲道理，他不仅不听，还有超父母百倍的精神和父母争对错，让父母很头疼。这时，父母可以充分利用孩子的性格特征来引导他。比如，孩子不爱吃水果，爸爸妈妈可以端一盘水果上桌，和孩子抢着吃，看到父母的举动，孩子会马上动手抢着吃，因为他不愿意输！

可是这个方法用到其他类型的孩子身上，就未必有效了。

考拉型的孩子会温暖地跟父母说："慢慢吃，都给你们。"

猫头鹰型的孩子会想："你们是真饿了吧。"然后坐在那里看着父母吃。

至于孔雀型的孩子，热心肠，看热闹不嫌事大，会一边鼓掌一边喊："加油，妈妈加油！"

所以，永远不要期待用同一个话术、同一种方法去教育所有的孩子，会百分之百有效。最好的方式是认清自己孩子的性格特质，用适合他的方式去沟通。

为什么？就像养植物一样，我们都知道植物生长需要阳光、空气、水分和土壤。但是，不同的植物所需的生长条件是不同的。荷花需要养在水中，把多肉放进水中它的根就会烂。别人家的月季开出了美丽的花，你家养的植物为什么一直都不开花呢？也许它是松柏！它们都是可造之才，但养育方式有所不同。

教好孩子的基础，是了解他，找到适合他的沟通方式。

那么如何走出育儿焦虑，避免踩坑呢？了解并掌握以下几点，家长们的育儿就会轻松很多。

孩子是天生的学习者

蒙台梭利的育儿理论中，有一个非常重要的内容，那就是0～6岁的孩子，有一种独特的心智状态，可以毫不费力地从环境中吸取信息，而且有创造性的本质。我们称之为吸收性心智。它不是孩子自主努力的结果，而是在潜意识层面进行的。也就是说，这个阶段的孩子，都是天生的学习者。

各位父母想一想，你们学英语，从一句话不会说，到自如地表达自己的想法，用了多久才做到？3年？5年？还是直到现在都还做不到？

小朋友在0～1岁时，没有老师教时态、语法，也没有上学习班，他就可以从出生时什么都不懂，自己学会叫"妈妈"，要奶喝，你说他们是不是天生的学习者？

孩子天生有很好的专注力

有家长焦虑地跟我说，孩子1岁7个月了，专注力不好，根本坐不住，怕以后影响学习成绩。我说："家长，你觉得问题出在孩子身上吗？是你不了解孩子。他们天生的专注力是非常棒的。1 岁 7 个月的孩子也可以专注地'学习'，只是学习的不是你说的书本里的知识。他们有自己的需求。"

经常有人说，"宝贝静悄悄，一定在作妖"。家长们有没有这样的经历？

你家孩子本来天天爬上爬下，特别活泼好动，突然有一天，他安静了 20 分钟，一点动静都没有，你到处去找他，打开房门一看，他把口红抹了一脸，粉底液涂得满桌子都是……

在很多家长看来，孩子这是在调皮捣蛋，发火是不可避免了。但是，家长，在你发火的同时，不妨思考一下：不到 3 岁的孩子，能在 20 分钟里安安静静地"化妆"，怎么能说他没有专注力呢？

我看到的更多是孩子在用行为告诉你：妈妈（爸爸），我需要一面涂鸦墙，我现在可以很安静地涂上 20 分钟。

还有一些家长，觉得孩子专注力差，就给孩子买很多练习专注力的书和习题。练完之后没有效果，家长们又觉得很奇怪：我买了书和习题，也陪你练了，你怎么还是坐不住呢？

其实，这是因为家长根本不了解孩子这个年龄段的学习特点。孩子天生就有专注力，但是你给的操作材料，他们不感兴趣，所以"坐不住"。换个角度想一想，你一定能意识到：看蚂蚁搬家，孩子可以一个人待一早上；到沙池里面玩沙子，孩子能玩到忘记上厕所；给孩子一团面粉，他可以安静地揉好久……做这些事情，孩子为什么就坐得住呢？因为他们喜欢，他们有兴趣，他们有内在的需求，所以愿意主动探索，自然而然就专注起来。

归根结底，孩子专注力不足，是家长看待问题的角度有偏差，反而让孩子背了锅。如果父母懂得这些，对专注力问题就不再头疼了。你会发现，原来你家的孩子专注力真是一级棒！

孩子天生有很好的记忆力

有家长说，孩子记不住英文单词，背不下来古诗，是不是说明他的记忆力差？

回答这个问题之前，不妨思考一下，有多少孩子在两三岁的时候，就能记住几十种车标，就能滔滔不绝地给你讲各种恐龙的名称和习性，就能告诉你十几个奥特曼各叫什么名字，有什么必杀技？在我们眼中，奥特曼不都是穿着紧身衣，一对大眼睛吗？可孩子能记住他们之间细微的差别，你还能说他们的记忆力差吗？

孩子记不住英文单词和古诗，不是因为他们记忆力差，而是因为他们对此没有兴趣，或者还没掌握学习方法。家长要做的，就是引导他们对单词和古诗产生兴趣。比如说，把古诗当成故事来讲，让孩子先被故事吸引，再逐渐对古诗产生兴趣。

让孩子在体验中习得知识

我一直说，给 0 ~ 6 岁孩子最好的教育，就是不教育。要让他自己去体验，在体验中习得知识。

这个阶段的孩子，有个特点：听了，他会忘记；看了，他会记住；做了，他能理解。这一点我不止一次地说过。他们的学习，不是接受知识的传递，而是自己建构知识。

他们的大脑里，就像有大大的照相机和海绵，不断地拍照记录下自己看到的世界，吸收生活里体验过的内容，并将这些逐渐变为他们自己的认知。

如果你想让孩子坐在那里，把知识点一个个讲给他听，让他死记硬背，那你十有八九会失望。

以前，村里胡子最白、年龄最长的人，往往最有学问。因为他活得最久，积累得最久，当然懂得最多，最有优势。可是，科技发展到今天，只要按一下回车键，一秒钟内就能获取你需要的无穷无尽的知识。孩子还需要"填鸭式"的知识灌输吗？不需要，他们需要的是体验。

以一朵花为例。给孩子讲花的样子，他会忘记；给他看花的图片，他能记住。如果你带孩子到公园里、山野中去感受一下这朵花：看看它艳丽的颜色，摸摸它柔软的花瓣，闻闻它淡雅的花香，然后让孩子说说自己的感受，那么，花，就已经种在孩子的心中，被孩子牢牢地记住了。每次谈论到"花"的时候，孩子都会有丰富的语言来表述自己体验到的内容。

这就是 6 岁前孩子学习的真谛。不是在课堂上，不是在卡片上，而是到生活中去体验。孩子 6 岁前的体验越丰富，未来学习的基础越扎实。

好玩、有用、我可以

你有没有这种体验：有些食物无论别人怎么甘之如饴，你都打死不想吃，比如苦瓜。

其实，苦瓜是非常好的一道食材，为什么很多人不喜欢？在很大程度上是第一次吃苦瓜时有不好的体验，才会在以后见了苦瓜就避而远之。

同样，任何一个兴趣爱好，或者知识的学习，技能的习得，如果想让孩子产生兴趣，愿意主动学，并且能坚持下去，就要让他第一次接触这件事时有好的体验。

简单地说就三个关键点：**学得有趣，学完有用，整个过程中感觉我可以！**

举个例子：家长花几千块钱给孩子报识字班，花几百块钱买 APP 或者教材，教孩子认字。很多孩子不感兴趣，也容易半途而废。为什么？因为孩子不知道为什么要学识字，他们会认为是为了让妈妈（爸爸）高兴。

知道了三个关键点的原理，再来看识字这个过程，就会轻松有趣了。

父母在孩子进入符号敏感期（孩子三四岁时，开始对生活里的各种符号、标志、数字、文字感兴趣，自发地想去指认）时，即便他只认识《大卫不可以》中的"大"字，你也赶紧表扬一下：

　　"宝贝都认识'大'字了，是个有学问的孩子。来，宝贝，咱俩出去玩找'大'字的游戏吧！你每找出一个大字，妈妈（爸爸）就给你 1 张贴纸。来，咱商量一下，10 张贴纸，可以换一个小玩具。如果你攒够 50 张贴纸再兑换，可以换 1 张心愿卡，妈妈（爸爸）满足你一个愿望。"

　　这样识字，就从坐在书桌前枯燥地反复指认，变成了每天去幼儿园路上的亲子游戏。

　　孩子会在路上努力地找"大"字，无论是广告上、牌匾上，还是路标上。走到幼儿园门口的时候，他真的找到了 5 个"大"字，赢得了 5 张贴纸。

　　下午接孩子回家的路上，你问他："想不想再赢 5 张贴纸？只要你再找出 5 个'大'字，就可以再赢得 5 张贴纸。"

　　一路上，你还可以与孩子互动，比如：用"大"组词，大家、大水、大火、大卡车等。孩子每组一个词，就给他 1 张贴纸。就这样，你们一边走一边组词，组完词，还可以让孩子说一句话用上这个词，比如：路上有一辆红色的大卡车。没错，这个过程就是在引导孩子造句。

　　这样，是不是"有趣"地学习了识字？等孩子有了 200 多个常用字的识字量，我们就要让孩子觉得识字是"有用的"。这时候，贴纸就退出历史舞台了。我们不需要用物质奖励了，而是要去书店。

"宝贝，这是儿童阅读区，你喜欢车，就去看与车有关的书；喜欢恐龙，就看写恐龙的书。我买杯咖啡，坐在这里看书。遇到不认识的字和不懂的知识，你就悄悄过来找我，我来帮你。"

看书的过程中，孩子会发现，靠自己已经认得的那些字，可以读自己想读的书。读完书之后，你可以告诉他："今天读的所有书里，你选一本最喜欢的，妈妈（爸爸）给你买。表扬你认真学习，认真看书的态度。如果你下一周能把这本书讲下来，咱们到时再买一本新书。"

孩子立刻感觉，可以买自己喜欢的书，这太棒了！到家之后，孩子会非常认真地读书，不认识的字，找父母问，不懂的汽车知识，找父母学。很快，他就把这本书吃透了。

这时候，家长要赶紧给老师打电话，告诉老师，自己家孩子拿着这本书在家讲了一个星期，能把这本书讲下来了，问老师明天能不能让孩子把书带到幼儿园，给小朋友讲一讲。给大家讲的时候，孩子内心满满的自豪感。

下课以后小朋友就会去找他：

"毛毛，我有本恐龙的书，咱俩换着看好不好？"

"毛毛，我给你当好朋友，你再给我讲一遍吧！"

…………

这时，孩子会觉得：我是班里讲车、讲故事最棒的小朋友，很多人想跟我交朋友。

这样，他对于识字和阅读就有了胜任力，阅读的兴趣就有了。

另外，在生活中，如在逛超市、外出旅游等生活场景里，孩子能用到已经认识的字去购物，去认路，去方便自己的生活，这样孩子就更加喜欢识字了。这是一个相辅相成的关系。

孩子会发现：跟隔壁二丫的妈妈天天拍着桌子、打着二丫屁股，逼着她学字相比，这可轻松多了！我怎么玩着玩着就会了？原来我很擅长识字，识字不难，识字有这么多的用处。在这样的长期激励下，他会建立强大的自驱力。

好玩、有趣、我可以。这七个字看似简单，却是助力孩子成长的重要指引。

这一节的最后，我想送给大家一句话：**"每个孩子都是天生的学习者，只是你没有找到仰望他的角度。"**

自带天赋的孩子更自驱

天赋，是孩子与生俱来对某一项事物或某一项技能的优势。但是家长分不清什么是天赋，就会花钱踩坑，投入大量的时间和精力，更容易浪费了孩子宝贵的 0 ~ 6 岁。

两个故事

为了帮助大家理解，我想讲两个故事。

第一个，关于踢球的故事

有位奶奶说："景老师，我家孩子精力旺盛，整天跑来跑去踢球，坐不住。我就给他报了个围棋班。"

她觉得学了围棋，孩子就能静静地坐下来。没想到，孩子在围棋课堂依然走来走去，后来干脆拽都拽不进教室，哭着闹着要出来。她又问："景老师，怎么才能让他好好去上这个围棋班呢？"

我心里想：你把它叫作兴趣班，可这明显是你感兴趣、想让孩子上的班，而不是孩子想上的班。咱只有两条路：你把钱退了，或者自己去上。

孩子爱跑爱跳，他的天赋是运动。他有很好的运动能力，你非让他安安静静地坐着，这不是适得其反吗？

让孩子充分运动，踢球也需要很好的专注力，也是对专注力的一个锻炼。等他充分运动后，自然就安静下来了。而且，小朋友的核心肌肉力量会在运动中不断增强。有了肌肉的支撑，孩子更容易坐端正。孩子的大脑发育、手眼协调性也会变好。并不是只有围棋才能让孩子"坐得住"。

关键是，让孩子发挥运动的天赋，他会更有自驱力，也更容易坚持下来，进步得更快。

第二个，关于蜜蜂的故事

我当老师的时候，班里有个小朋友，特别喜欢蜜蜂。大部分家长都会对孩子说："看到蜜蜂离远点，它会蜇你。"可他呢，能在学校的花坛里，捉到蜜蜂放进瓶子里。在其他人玩沙子的时候，他就一个人玩蜜蜂。

我带了他一年半，我了解在八大智力里，他属于自然智力很强的孩子。他对蜜蜂很感兴趣，为了观察蜜蜂，他可以一蹲就是半个小时。

到站队集合的时候，我叫他归队，问他："你这只蜜蜂会不会蜇到别人？"他说："老师别怕，我跟它是朋友。它就是暂时陪着我，放学的时候，我就放它回家。"

如果有小朋友问他："我能看看你的蜜蜂吗？"他会很认真地给小朋友讲解："好吧，你看，它是一只工蜂，它的工作是……"

平时话不多的他，总能滔滔不绝地讲出很多我们都不知道的自然知识。

这就是他的天赋。

这个孩子，他开始识字就是主动要求的，他自己想去读更多的书，去搜索更多他想知道的自然科学知识。天赋让他的自驱力在小小年纪就发挥了巨大的作用。

发现天赋，就是你不要进行主观干预，让孩子在最原始的状态下流露出他的本领。它一定是孩子天生就有的潜力。一旦发现这样的天赋，他的精神面貌就会不一样，他的两只眼睛是放光的。

寻找天赋的三个误区

当然，在找寻天赋的过程中，我们也难免会踩一些坑：

第一，误把兴趣当天赋

孩子感兴趣的，不一定就是天赋。

以上兴趣班为例，教学环境、老师的亲切感、上课得到了一块小点心、老师发了小星星……这些都会让孩子对兴趣班展现出你想象不到的热情。家长误以为这是天赋，就使劲花钱培养，往往走入了误区。

第二，计算沉没成本，越来越累

都说女孩应该琴棋书画样样精通，家长以为琴是钢琴，给孩子报班，一上来就买架三五万的钢琴。没想到，学了两天，孩子不喜欢了，学了一两年，死活不愿弹了。这时，家长就开始计算沉没成本：买琴花了多少钱，这两年学费交了多少钱，每周上两次课，路上的接送浪费了多少时间，等等。实际上呢，此时最好的做法是及时止损。比如，把琴卖了，停止让孩子上没有兴趣的"兴趣班"，避免更大的沉没成本。

另外，建议大家刚开始探索天赋和兴趣时，不要直接买大件乐器，不要报长期的班。否则，很可能给你和孩子带来压力和束缚。你可以告诉孩子：

"你喜欢舞蹈是吗？好的，妈妈（爸爸）支持你。这一次，咱先报一个小班，报3个月行吗？如果你能坚持下来，咱们再报后面的6个月。"

你要让孩子明白：如果选择一件事，就要为自己的选择负责任，就要坚持到底。确认过孩子喜欢了，能坚持了，我们再去做决定也不迟。

第三，误把特长当天赋

特长，是通过长期的训练培养出来的，比如舞蹈，可以通过长期的练功、乐感的培养来跳好。但天赋的表现是，同样学一个项目，别人需要经过反复练习，而你家孩子轻松就能学会。这就是特长和天赋的差异。

我们不得不承认，很多时候，在孩子的学习道路上，拼到最后一刻，比的不是谁更刻苦，天赋能赢过十年的努力。

唐诗逸为什么能从那么多人中脱颖而出，成为中国歌剧舞剧院的首席舞者？除了自身刻苦练习之外，同等条件下，是她具有舞蹈天赋——极强的爆发力、力量感、脚上像安了转轴一样的旋转能力，这是一般的舞者再怎么刻苦练习都无法企及的。

有的小朋友学画画，老师不收钱都愿意教。为什么？也是看中了孩子的天赋，知道他能有所成就。有经验的专业老师看到过太多的人，知道有些人练了一辈子，练成了特长，却成不了大师。

所以，天赋不等于特长。很多家长看到自己的孩子跳舞很棒，就认为跳舞是她的天赋。但她的天赋可能不是跳舞，而是坚持、毅力，做一件事异常地执着。

有天赋的孩子，引领他进到擅长的领域，不仅孩子更容易获得成就感，形成自驱力，家长的教养也更加有针对性。慢慢地，就会形成一个良性循环。

那么，我们应该如何找到孩子的天赋呢？

孩子天赋自测表及分析

一说到天赋，很多家长会误认为唱歌、跳舞、运动和绘画是天赋。这些确实是，但是天赋不止音体美。

美国的心理学家霍华德·加德纳（Howard Gardner）在 1983 年出版的《智力的结构》一书中提出"智力是在某种社会或文化环境的价值标准下，个体用以解决自己遇到的真正的难题或生产及创造出有效产品所需要的能力"。每个人都至少具备语言智力、逻辑数学智力、音乐智力、空间智力、身体运动智力、人际关系智力和内省智力，后来，加德纳又添加了自然智力。这一理论被称为多元智力理论（Multiple Intelligences）。[1]

每个孩子在这八种智力里面都有几个不同的天赋领域。家长们不妨先对照一下，看看你家孩子的天赋在哪里。

语言智力（linguistic intelligence）是指对语言的听、说、读、写的能力，表现为个人能够顺利而高效地利用语言描述事件、表达思想并与人交流的能力。

这种智力在记者、编辑、作家、演说家和政治领袖等人身

---

1 陈琦，刘儒德. 教育心理学 [M]. 北京：高等教育出版社，2011：64-66.

上有比较突出的表现，例如由记者转变为演说家、作家和政治领袖的丘吉尔。这是一种与生俱来的口才能力，但是和知识面无关。

逻辑数学智力（logical mathematical intelligence）是指运算和推理的能力，表现为对事物间各种关系如类比、对比、因果和逻辑等关系的敏感，以及通过数理运算和逻辑推理等进行思维的能力。它是一种对于理性逻辑思维较显著的智力体现。具有这方面天赋的人对数字、物理、几何、化学，乃至各种理科高级知识有超常人的表现。

这种智力在侦探、律师、工程师、科学家和数学家身上有比较突出的表现，例如相对论的提出者爱因斯坦。

音乐智力（musical intelligence）是指感受、辨别、记忆、改变和表达音乐的能力，具体表现为个人对音乐美感反映出的包含节奏、音准、音色和旋律在内的感知度，以及通过作曲、演奏和歌唱等表达音乐的能力。

这种智力在作曲家、指挥家、歌唱家、演奏家、乐器制造者和乐器调音师身上有比较突出的表现，例如音乐天才莫扎特。

空间智力（spatial intelligence）是指感受、辨别、记忆、改变物体的空间关系并借此表达思想和情感的能力，表现为对线条、形状、结构、色彩和空间关系的敏感，以及通过平面图形和立体造型将它们表现出来的能力。

同时对宇宙、时空、维度空间及方向等领域的掌握理解，是更高一层智力的体现，是以相当的理性思维基础习惯为依托的。

这种智力在画家、雕刻家、建筑师、航海家、博物学家和军事战略家身上有比较突出的表现，例如画家达·芬奇。

身体运动智力（bodily kinesthetic intelligence）是所有体育运动员必须具备的一项智力。它是指运用四肢和躯干的能力，表现为能够较好地控制自己的身体，对事件能够做出恰当的身体反应，以及善于利用身体语言表达自己的思想和情感的能力。

这种智力在运动员、舞蹈家、外科医生、赛车手和发明家身上有比较突出的表现，例如美国篮球运动员迈克尔·乔丹。

人际关系智力（interpersonal intelligence）是指与人相处和交往的能力，表现为觉察、体验他人情绪、情感和意图并据此做出适宜反应的能力，也是情商的最好展现。

人和人的交流就是靠语言、眼神、动作以及文字等来传递的，因此人际关系智力高的人往往具有相当的蛊惑力或者煽动性，是组织的焦点。

这种智力在教师、律师、推销员、公关人员、谈话节目主持人、管理者和政治家身上有比较突出的表现，例如美国黑人领袖、社会活动家马丁·路德·金。

内省智力（intrapersonal intelligence）是指认识、洞察和反省自身的能力，表现为能够正确地意识和评价自身的情感、动机、欲望、个性、意志，并在正确的自我意识和自我评价的基础上形成自尊、自律和自制的能力。内省智力是客观、公正、勇气、自信的建立基础，因为人最看不清的就是自己，俗话说：

你最难战胜的就是你自己！人在主观时是很盲目的，这个对手很强大。

而正是因为真知的逐渐形成，人们才会变得无畏，就好像小孩子都害怕去医院打针，而当渐渐长大后，就不会再为打针吃药而恐惧了。

这种智力在哲学家、思想家和小说家等人身上有比较突出的表现，例如哲学家柏拉图。

自然智力（natural intelligence）是指认识世界、适应世界的能力，是一种在自然世界里辨别差异的能力，如植物区系和动物区系、地质特征和气候。

自然智力包括对我们自己身处的自然环境的认知能力、感知灵性空间的超自然能力和适应不同环境的生存能力。

每个人都在不同程度上拥有上述八种基本智力，智力之间的不同组合表现出个体间的智力差异。[1]

对照完之后，你是不是发现每两个人都不可能有完全一样的天赋组合？成人如此，孩子亦是如此。

所以每个孩子的培养方式都是不能生搬硬套的，而是需要家长认真观察自己的孩子到底在哪个领域有天赋，从而做到真正的因材施教。举例来说：

如果孩子音乐、运动天赋好，可以学舞蹈；

如果孩子音乐天赋好，声音条件也很好，但是运动不协调，

1　林崇德. 发展心理学 [M]. 北京：人民教育出版社，2008.

可以学声乐；

如果音乐天赋、声音条件、身体协调性都好，可以学音乐剧；

如果鼻子比小狗还灵，可以做调香师；

如果味觉灵敏，可以做品酒师、厨师；

如果耳朵很灵敏，乐感好，可以做调琴师；

…………

至于怎么发现孩子的天赋，家长们可以对照下面这个图，根据自己宝贝的表现来进行判断。

其实，每个孩子都是天才，你需要找对仰望他的角度。正如爱因斯坦所说："每个人都是天才。但如果你用爬树能力来断定一条鱼有多少才干，它整个人生都会相信自己愚蠢不堪。"这句名言，相信曾给许多父母点燃了希望。

每一个孩子都是世界上最独一无二的存在，即使某些方面不突出，也必然会在其他地方闪闪发光。这也是我们做教育者希望家长看到的。

但是，很多家长急于求成，市场上就出现了各种各样的"天赋测评""多元智能测评"，甚至有"皮纹测试"，打着"能够帮助家长了解孩子，挖掘孩子潜能"，"让孩子的优势和特长带动全面发展"的旗号，在高价收割家长。甚至很多培训机构、早教机构，测评之后就告诉你："报了我们的 ×× 课程，就能帮助你家孩子补齐短板"……

家长们，这种测试虽然出发点是科学的，但是测试的时候有很多客观条件的限制。比如说：

测评老师对待孩子的态度；

老师对孩子的引导方式；

孩子今天的心情；

到了陌生环境中，孩子感到的压力；

…………

这些都会导致测评结果与实际有所出入。

所以我建议大家，如果有兴趣，可以在网络上搜索"多元智能测评表"，有很多免费的测试。平时生活中，在孩子最放松的状态下，观察孩子。你自己找到答案，才是最靠谱的。

我还想提醒家长们：多和老师沟通，无论是幼儿园的老师，还是兴趣班的老师。

因为通常我们家里只有一两个孩子，顶多也就三个孩子，参考样本也就只有亲戚家或者邻居家的孩子。再加上父母身份的滤镜，难免判断上有误差。所以建议家长可以多和孩子的老师沟通。老师们每天陪着几十个同龄小朋友，他们的参考样本更多，所以也更容易发现孩子的天赋。

在寻找孩子天赋领域的过程中，还有几点要提醒家长们注意：

不盯缺点，关注天赋和擅长领域

有的家长强调一定要在孩子小的时候查漏补缺，把他的缺点都改掉。因为他们坚信"木桶效应"，最短的那根木头决定了桶里到底能装多少水，所以每次强调的都是孩子的不足。

但是仔细想想，5 根手指如果伸出来一样长，一个人的特质就没有了，他就不是他了。试想：孩子升学，同样的成绩，学校会招有特长的孩子；老板招员工，看的也是他擅长什么，而不是他有多少毛病；你找对象，也是因为他的某个特质，在一瞬间击中了你心中最柔软的地方，而不是他愿意改正多少缺点。

教孩子也是如此，不要总盯缺点，而要关注他的天赋和擅长的领域。

以我儿子为例，豆豆在小学第一次语文随堂测试时考了 63 分！如果换成你，你会说什么？

我老公也不知道这 63 分的卷子家长该如何签字，对我说："景老师，你写。"

我看了看卷子，在上面认真地写了一段话：

"儿子，恭喜你，成为全班进步空间最大的孩子！我和爸爸随时准备着，和你一起打败困难！妈妈看好你，加油！"

当家长的，我们不看别人考多少，那跟我们没有任何关系，我们要给自己孩子一个信息：考多少不重要，只要你努力过了，对得起自己的努力就行，我们只跟自己比。

我对他说："儿子，这 63 分，也是你一笔一画，认认真真学出来的。恭喜你，你现在是班里进步空间最大的学生。稍微努努力，你就可以进步，哪怕是 1 分！人生考试的机会有很多，你只要努力，就会拿到让自己满意的分数！"

儿子一想，好像自己是挺有希望的，就很开心地上学去了。

父母的评价，影响孩子对自己的认知。他觉得他是全班的希望之星，老师想把班上的平均分提高些，靠的是他，他可以拉动全班的平均分。他突然有了一种使命感。

老师看完评价，截图发到了班级群。老师问豆豆："你妈是做什么工作的？"他很自豪地说："老师，如果你有搞不定的孩子，不知道怎么教，去找我妈，我妈是育儿专家。"

他并没有因为考了全班最低分而丧失对语文的兴趣，害怕老师，反而是在和老师的沟通中找到了他的天赋——语言表达。老师打电话告诉我：每次语文课的单元演讲，他都查找很多资料，学着做演示文稿，把自己的想法在讲台上讲得风趣幽默，通俗易懂，经常被老师点名表扬。他的小作文也常被老师拿去做范文。

就这样，他用语言表达天赋，带动了他原本全班最低的语文成绩，还成为学校辩论社团的辩手，代表全校学生去参加演讲比赛。

这就是用优势智能、天赋领域去带动孩子改变的过程。

多带孩子出去看世界

家长也可以从孩子的阅读兴趣中找到他的天赋。

有的家长可能会说："景老师，你推荐个书单吧！"了解我的人都知道我从来不推荐必读书单。因为每个孩子的天赋领域不同，兴趣点也不同。但是我会建议让孩子读闲书、杂书等各种他感兴趣的书，做个杂家。

无论一本书有多好，如果孩子不感兴趣，买了放在那里，就是浪费。如果专家和学校推荐的"必读书单"里，没有点燃你孩子的图书，那就尊重孩子的选择，多看些其他的书吧。可能书中哪一个知识点或者故事会让孩子觉得：哇，这个好神奇，我也想试一试。可能这一试，你就发现了他的天赋。

最好的发现孩子天赋的方式，应该是行万里路——旅行。

带孩子去不同的地方走走，去体会不同人的生活方式。他会发现，原来生活不只有家、幼儿园，还有人生活在树上、海里、山上、大雪里。孩子的见识打开了，遇到不同的人，就有可能表现出他的天赋。

还记得我儿子五六岁时，我们带他去巴厘岛。那是一个早晨，我们一家来到沙滩上。他偶遇了 3 个小孩，就开始一起玩。他们分别是日本人、俄罗斯人、当地土著，你是不是也有疑问，这 4 个孩子，说着 4 国语言，从早上 8 点到下午 1 点，他们是怎么玩到一起的？

这时，我就发现儿子是有语言天赋的。

他从小跟着一个加拿大的外教学英文，外教老师告诉儿子：英文就像拼装乐高。

你会"红色"（red）、会"苹果"（apple）了，"红色的苹果"就是 red apple；

你会"苹果"、会"果汁"（juice）了，"苹果汁"就是 apple juice；

你会"橙子"（orange）、会"果汁"了，"橙汁"就是 orange juice。

他记住了，就用拼装英语和他们交流。

后来我问儿子，跟他们一起玩的时候，你们在聊什么？他说"Tiger Shark"，我一听，哦，"虎鲨"。

他们的沟通，除了用这种拼积木的英文，还有就是"yes、yes，no、no"。

虽然我儿子是早产儿，动作不协调，但他会用自己的肢体语言，加上自己的眼神和面部表情，搞定其他三个孩子。这就是我在旅行中发现的孩子的天赋。如果不是亲眼所见，我不知道儿子有这么强的交际能力，不知道他能这么好地运用肢体语言。

那天在海滩，那个土著小男孩给我留下了深刻的印象。他穿了一条小短裤，光着脚，全身上下只有牙齿、脚心和手心是白的，其他都是深棕色皮肤。小男孩坐在一条木头船上，拿着自己用木棍做的小鱼竿，脚边是个小罐，装着他刚刚钓上来的小鱼。

我儿子看着他，说："妈妈，我不知道他叫什么，但他告诉我，他爸在旁边卖玉米，你看他的生活多幸福。"

我说："儿子，什么是幸福？"他说："跟你喜欢的人在一起，干着你喜欢的事，就是幸福。"

天哪，这是5岁孩子的嘴里说出来的话！我发现，他竟然感受到了很多成年人一辈子都没有活明白的智慧。我们知道什么是幸福吗？很多人终其一生，都不知道自己要什么。

所以带孩子出去旅行吧，不一定很远，但是真的能让你看到不一样的孩子。

让孩子出去接触人，他就会发现，生活中除了幼儿园、兴趣班和家，还有不同的生活方式。他会知道什么是他想要的生活，为了这样的生活，他需要做什么。这样，孩子一下就有学习目标和动力了，而不仅仅是为了让父母高兴而去学一个东西。

带孩子去不同地方，他们心中就不再有地域隔阂；带孩子去见不同的人，他们心中就不会有阶层的固化；带孩子去经历不同的事，他们就不会被琐事蒙蔽双眼。古人说得对：见天地，见众生，方能见自己。

毕竟见识比知识更有价值。

敏感期：刺激内在成长的关键期

前面我已经提到过几个敏感期以及它们的特征，那什么是敏感期呢？

它指的是在 0 ~ 6 岁的成长过程中，儿童出于自身发展的内在需求，在某个时间段内，对他所感兴趣的特定事物，产生尝试或学习的狂热。满足内在需求后，孩子的能力就会从一个层面上升到另一个层面。

也就是说，孩子天生有内在的成长秩序，父母只要提供适宜的环境，孩子就能自主发展。

但是令人心痛的是：很多家长不了解，他们正在打着"爱孩子"的旗号，扼杀孩子的自驱力。

这么多年，我们追踪发现，很多青春期问题不断的孩子，在很大程度上是因为在敏感期内没有得到满足和支持，孩子的内在发展受到了阻碍。

所以，抓住敏感期，对于父母和孩子都是非常有必要的：

抓住敏感期，父母就抓住了孩子的成长规律，遇到特定表现就不再焦虑，情绪就稳定了；

抓住敏感期，给孩子正确的支持和满足，孩子的能力就会得到充分的发展；

抓住敏感期，父母可以在孩子知识启蒙的时候，用好孩子内在的驱动力，就会省时、省钱、省力；

抓住敏感期，就可以在 6 岁前满足孩子的需求，避免把问题带到学龄阶段。

那具体的敏感期到底都有哪些呢？我建议大家都认真了解一下，对照一下自己孩子的表现，很多育儿问题，你都能找到原因和答案。

0 ～ 2.5 岁敏感期

视觉敏感期

孩子出生后，外界的光线就是最有力的激活码。换句话说，孩子一出生就进入视觉敏感期，需要父母的保护和相应的训练。很多家长会说：只要孩子眼睛没有生理毛病，不训练照样看得见。但在视觉敏感期，一定要给孩子提供相应的环境刺激，否则，用进废退，会直接影响孩子视力的发展。

很多家长给孩子买五颜六色、颜色鲜艳的玩具，但是买错了。

这个时期的孩子，对黑白相间、明暗反差大的事物或图片感兴趣。父母可以多给孩子准备一些黑白相间、明暗对比强烈的东西，比如光影结合的物品、黑白图片等。等孩子再大些，可以给他们准备一些会发光的、亮晶晶的物品，比如小镜子、亮亮的小积木等。

家长要知道，孩子出生后视力发育并不完善。这点从幼儿园体检就可以看出来。我们幼儿园每学期都要给孩子做体检。有些孩子我会带三年，看他们的健康报告册，发现很多小朋友的视力在小班不是很好，到了大班就提高了很多。

但是近些年来，孩子们接触屏幕的时间越来越多，所以很多孩子的远视储备都在幼儿园时期就被提前消耗了。

所以，家长们一定要注意孩子的用眼卫生，管理好孩子使用电子产品的时间，按时接受儿保和幼儿园的视力筛查，及时发现孩子视觉发育的异样，为孩子未来的成长保驾护航。

听觉敏感期

当新生儿哭闹、不睡觉时，儿科医生只要在他耳边发出"嘘——"的声音，就能很快让宝宝安静下来，瞪着眼睛认真地听。因为它模仿了宝宝在妈妈肚子里听到的白噪音，孩子很熟悉，一下就安静了。同理，宝宝哭的时候，把他的头贴近妈妈的左胸，再来回走几步，也能起到安抚作用。这是因为他在妈妈体内就有感知声音高低强弱的能力。

听觉和其他感觉一样，可以帮助孩子从环境中吸取信息，促进大脑的发育，让孩子更好地认识世界。但是，它没有视觉发展那么明显，有些家长不在意，直到发现孩子2岁了还不会说话，才去医院检查，结果错过了孩子的最佳治疗时机。所以，除了新生儿听力筛查，建议2岁前的儿保一定要坚持做。

口部敏感期

家长们有没有这种经历，你递给婴儿任何物品，他都不会像大孩子一样睁大眼睛认真观察，而是直接拿来放在嘴里。他们是用嘴巴来探索世界的。

父母可以在孩子能接触到的范围内，把所有的东西都消毒好，然后让孩子去探索。爱咬皮革咬皮革，爱咬手指咬手指，爱咬玩具咬玩具。孩子处在口部敏感期，嘴是他们认识世界的重要窗口，我们应该在保证安全的情况下，让孩子"品尝"世界的味道。

有家长会说："脏啊！"如果真脏，或是危险的物品，你给它藏起来，远离孩子，而不是不准孩子咬，不准孩子用嘴去探索。否则，可能导致3岁的孩子进餐时咀嚼食物的方式像个老人，咀嚼无力，一口饭可以包在嘴里嚼半天；到幼儿园午休时，孩子会吮手指，还有的孩子会咬被子角、咬衣服、咬笔头、咬小木床，甚至咬人。这都和口部敏感期没有得到充分满足有关。

据观察，有的敏感期被延误后不会再出现，但口部敏感期还会再出现，所以请务必重视。

手部敏感期

家长们有没有发现，孩子一出生是握着拳头的，到了手部敏感期，他开始慢慢张开手。他能抓东西，能打人，还能学习捏东西。孩子学会用手，说明孩子的大脑正在发育，内在世界正在一点点地构建起来。

我国著名教育学家陶行知先生曾写过一首儿歌："人有两个宝，双手和大脑。双手会做工，大脑会思考，用手又用脑，才能有创造。"它充分地说明了大脑和双手之间的密切关系。父母一定要相信：在手部敏感期，能够很好地用手的孩子，会有一个聪明的大脑，也就是咱们老话说的心灵手巧。

八九个月大的孩子，坐在餐椅里，用手抓着黏腻的面条、香蕉、草莓、炼乳、蛋黄，一边捏，一边往桌面上、头上、身上抹……在父母眼中，孩子是在玩食物，弄得到处都是，还担心他吃不到嘴里。但是，这些黏糊糊的东西更能满足孩子的需要。

这是孩子发展智能的重要活动，但凡多给孩子点时间，你就会发现，过一会儿，他就会从头上、桌上捡起食物放进嘴里了。不要打扰他，不要剥夺他用手的自由和认知世界的机会。我们唯一能做的，就是保证物品的卫生，保证孩子的安全。至于你担心脏乱，那就给他戴个围嘴，或者吃完饭给他洗个脸就好了。千万不要为了怕打扫卫生而抢着喂孩子。那样的话，以后孩子吃饭你就会很头疼。

此外，孩子出现抓、捏、扔等动作时，你会发现你给他一个玩具，他就会扔出去，有时候他会捏着大人的胳膊，还挺疼的……家长不要担心孩子以后会很暴力，只要你不过度反应，反向强化，这些都是孩子锻炼自己肌肉力量的方式，满足之后，这一阶段很快就会过去。

行走敏感期

孩子学走路要经过以下几个步骤。

第一步，扶着周围的支撑物站立，依靠自己的力量站起来，逐渐做到站得比较稳。

第二步，练习下蹲，他可以一手扶着支撑物，单手捡起地上的玩具，再站起来，有时甚至不用借助任何力量就能完成这些动作。这个阶段，他的腿部力量逐渐增强，可以多让他玩这种蹲下去站起来的游戏，锻炼身体的平衡。

第三步，他开始学习迈步，懂得利用身边的一切人和物，让自己保持平衡，并且一步步尝试往前挪动。

第四步，他终于学会走路，把重心放在脚上，不需要扶任何东西，摇摇晃晃地走起来。

这几个阶段，不要阻止孩子，多给他机会，让他不断练习，你会发现他学习的速度让你大为吃惊，也会让你感动。

但随之而来的不仅有感动，很多家长也会开始头疼。

第一种情况，喜欢上下坡。上坡容易下坡难，他控制不好自己的身体平衡，容易摔倒。所以，建议大家带孩子去草地上或公园人少的地方，远离马路和人群，保证安全。

第二种情况，专走不平的路。这个阶段的孩子父母经常给我抱怨："景老师啊，陪儿子走路，一定要有好脾气，否则会被他活活气死。"我当然明白你的感受：光洁的路面不走，喜欢坑坑洼洼的路；干净的路面不走，路边的水坑一个都不肯错过。

第三种情况，喜欢爬楼梯。开始是手脚并用爬着上楼梯，后来用手扶着栏杆上楼梯，等等。

这个阶段的孩子可能是让父母最累的，孩子走也像跑，跑也像走，颤颤悠悠，有种随时都要摔倒的感觉，所以很多家长，尤其是老人，把孩子保护得很好，不准孩子去做危险的事情，从而导致孩子失去很多探索的机会。

在行走敏感期，孩子永远不知疲倦，醒着就想到处探索。在安全的情况下，满足孩子吧。你会发现到了 2 岁，他又会想尽一切办法让你抱他，因为这时候"行走敏感期"过去了。

语言敏感期

孩子一出生，就开始在环境中吸收语言。即使是新生儿也能通过妈妈对他的语言和表情，建立起母子之间的沟通模式。他们会用"咿咿呀呀"来表达自己的情绪，而当大人不断在他耳边说话时，他也会回应，实际上这就是在交流或沟通。

孩子刚刚学会叫"妈妈"，他每次一叫，妈妈惊喜的表情和动作就会给孩子反馈，刺激他不断地练习"妈妈""妈妈"……只要他的嘴没在吃饭，只要没有睡着，他都在不断地尝试用仅有的词汇来吸引你的注意，反复练习，不知道疲倦，因为他的内在需求就是——想跟你互动。

如果你想孩子以后语言丰富，表达流畅，那2岁前一定要多和孩子说话，用他喜欢的妈妈腔，尽量标准的普通话和孩子说话。不需要过多的叠词。因为这时是语言的输入期，输入到一定量之后，才能在他口腔肌肉发育好的时候，迎接语言的爆发期。

在语言敏感期里，孩子有的时候会模仿大人说话，会惹得很多家长不高兴，认为这是孩子的挑衅行为。其实对孩子来说，这是语言游戏，并没有恶意。

而且，孩子这个阶段跟谁待得久，就会模仿谁的口音。所以，家长要注意自己的说话习惯。

如果担心孩子进入幼儿园以后表达不好，与其以后花钱上所谓的"口才班"，还不如在这个阶段和孩子慢慢说，重复说，给孩子机会说。

自我意识敏感期

自我意识敏感期是孩子幼儿阶段的第一个"叛逆期"，让很多父母头疼，甚至情绪崩溃。

小家伙到了2岁左右，会走路了，会说"我"了，"我的爸爸""我的妈妈""我的家"……他恨不得全世界都是他的。

这个时候就会出现以下对话：

妈妈："来吃饭了。"

孩子："不！"

妈妈："来喝水了。"

孩子："不！"

…………

常有家长说："为什么我家孩子天天跟我对着干？"家长们，如果你想你家孩子什么都听你的，你觉得你家孩子以后会不会有主见？

那有家长就会说："那还不把人活活气死啊！"但是你一定要知道，这就是传说中的"麻烦的两岁"，不是咱们家孩子倔强，而是所有这个阶段的孩子都会有这种表现。

2岁的孩子，开始想证明我是"我"了，他终于可以想去哪里去哪里，想做什么就去做了，但是很多能力他还不具备，往往会把事情搞得一团糟。本来出发点是好的，却经常干出很多让家长头疼的事。

你说替他穿衣服，他要自己穿，穿不成，然后哭；

你喂他吃饭，他说"不，我要自己吃"，结果吃得哪儿都是。

…………

最好的应对方式不是批评、说教，因为他们听不进去。你不妨用一用"说反话"的方式。

比如说，要出门了，你说："出门了，走，穿上衣服，洗个脸出门。"

他说："不。"

那你说："咱不出去了。"

他就会说："要出去。"

所以，最好的方式就是你想他往东，就说"走，今儿咱们往西"，孩子会说"不，我偏要往东"，这就够了。

如果有些事情他非要按照自己的方式去做，那就在保证安全的情况下，让他去尝试，因为做过了，他就记住了。比如他要摸烫的茶杯，那就握着他的手试一下，知道烫了，你再拉他的手去摸的时候，你放心，他一定躲得远远的，因为他已经有经验了。

如果家长们了解了孩子的心理，那"麻烦的两岁"就不再麻烦了。

2.5 ～ 3 岁敏感期

2 岁半到 3 岁，孩子面临着第一件人生大事，准备上幼儿园了，这半年孩子的心理变化非常微妙，如果家长引导得好，孩子就会对幼儿园充满向往。如果引导得不好，就会让孩子产生分离焦虑，哭闹不想上幼儿园。这是孩子成长过程中，第一个让妈妈感到心累的时期。

空间敏感期

有的妈妈说，孩子小时候很聪明，很安静，到了 2 岁多的时候，却越来越调皮。例如：

总喜欢在家里翻箱倒柜，把里面的东西拿出来扔到地上，扔之前还会告诉妈妈（爸爸），好像是故意想要激怒妈妈（爸爸）。

对各种小孔、小洞洞感兴趣，看到就会往里面塞东西，吓得妈妈（爸爸）赶紧把家里所有的插座都封起来了。

这还不够，没有下手的地方，他就改变研究方向，开始爱上各种角落，钻到桌子底下、钻纸箱、钻衣橱。有位妈妈跟我说，有一次孩子藏在柜子里，结果睡着了，害得大家到处找他。

有的小朋友玩积木，只要你把积木垒得很高，他就要呼啦一下把它们全部推倒，不能安静地玩耍。

每天喜欢在沙发上和床上跳来跳去，看得大人提心吊胆。

…………

家长们很头疼，孩子为什么变成这样了？他是不是得了多动症？妈妈感觉自己快被折磨疯了，怎么阻止都不管用。

遇到这些表现，我劝家长们不要着急，这是孩子进入空间敏感期的表现。

处于空间敏感期的孩子，活动量会急剧增加，整天忙来忙去，实际上他是在构建自己的空间感，通过这些活动，为将来掌握空间概念、发展几何能力打下基础。他们喜欢扔东西，喜欢推着转椅到处跑，喜欢爬高或往下跳，喜欢把物体垒高后推倒，再垒高再推倒，喜欢钻小空间，喜欢转圈圈，他们这么做不是无理取闹，而是空间敏感期的表现，有一定的用意。

比如：扔东西是在探索立体空间；移动物体是在丈量空间；

爬高或往下跳是在感知高度……这些行为帮他了解物体和空间的关系，让他有了空间概念。

但很多父母不了解，以保护孩子为名，阻止孩子的这些行为，也就阻止了他探索世界的脚步。要知道，孩子的空间感建立的好坏，取决于孩子能否自由地探索。只有给孩子自我感受的空间，他才能有所突破。

这个阶段，父母们要做的是给孩子自由，保持足够的耐心，让孩子在更大的空间里探索。保护好孩子的安全，同时给他提供一些可以探索空间的材料，如大纸箱、大积木、弹力球，让孩子在钻、扔、接、跳中发展自己的空间感。

如果孩子想做的事情有危险性，比如从台阶上往下跳，此时父母可以给他提醒，但不要危言耸听，影响孩子的信心和探索的欲望。

了解这些表现之后，你是不是发现你家孩子原来自驱力这么强，这些都是孩子的学习探索行为，你应该开心，而不是焦虑呢？

细小事物敏感期

当孩子进入细小事物敏感期，他们总喜欢把一些在大人看来微不足道的东西，攥在手里当成宝贝。一颗绿豆，一块小石子，一粒纽扣，甚至一个小孔，都能成功吸引他的目光。家长一定要注意观察，保护好孩子的安全。否则一不小心，就会引发一些麻烦。

我见过小班的孩子上幼儿园带了花生米，午睡时睡不着，就玩花生米，结果塞到鼻孔里，拿不出来，哭了之后花生米还会膨胀，最后送到医院才解决问题。

这就是为什么幼儿园都有晨检的环节。老师会检查孩子有没有带什么小东西到幼儿园。

看这些微小东西的时候，需要专注、耐心、聚精会神，需要时间，这些甚至比观察那个对象本身还重要。无论是观察蚂蚁搬家，还是捡石子，我们一定要注意保护孩子的这种行为。

有些小朋友放学时书包里都有很多小宝石、小亮片，这些是他们和小朋友们交换来的，是他们在幼儿园受欢迎的表现。家长要经常帮助孩子清理书包，减少安全隐患。

模仿敏感期

有妈妈求助说：最近孩子的走路姿势很奇怪，一拐一拐的，去医院检查也没有发现什么问题。我就让她发视频给我。原来孩子在模仿电视里熊二走路的姿势，还学熊二的样子说话。妈妈很担心这样的走路姿势不好看，对孩子说："这样做不好看，我们不能学熊二。"结果，孩子连这句话都学，这让妈妈很崩溃，问我孩子怎么了，这样下去会不会变得没主见。我告诉妈妈，孩子给了她一个信号：妈妈，我进入模仿敏感期了。

这个阶段，孩子最喜欢模仿爸爸妈妈、小伙伴以及其他人的言谈举止。

事实上，孩子从一出生就开始模仿了，只是没有那么明显。比如，孩子通过模仿成年人的嘴部动作，学会了说话；通过模仿父母的身体动作，学会了翻身。在不断地模仿中，慢慢形成自我意识，这是孩子有主见的一个重要表现，千万不要批评和打骂孩子。这种模仿也体现了孩子的观察能力很强，我们应该替孩子感到高兴。

这个时期的孩子对事物的理解、分辨能力有限，要求他们不模仿坏行为，真是强人所难。所以我经常说：不要担心孩子不听你的，而要担心孩子时时刻刻都在看着你。

这个时期，父母要注意自己的言行举止，不要给孩子做不良行为的表率。如果利用好模仿敏感期，就能帮助孩子养成很多好习惯。

父母爱看书，孩子也学着父母的样子看书，哪怕不识字，把书拿倒了，他都觉得自己很能干；

想要孩子好好吃饭，父母在饭桌上就要不挑食、不看手机；

想要孩子说好普通话，你自己说话就不要带口音，因为这种口音，可能陪伴孩子终生，要花很大力气才能矫正过来。

我们要正确理解孩子的模仿行为，给予他们教导和积极的暗示，帮他们获得新知识。如果他们模仿别人说脏话、吐口水，父母要第一时间制止。

如果可以，再帮孩子树立学习和模仿的榜样。比如，孩子喜欢奥特曼，有的家长担心孩子模仿奥特曼打打杀杀，出现意外。但家长们，你们有没有想过，每个男人心中都有一个英雄。为什么他阅尽千帆归来仍是少年？因为他依然相信光，相信自己的"相信",心中有一个英雄随时会驾着五彩祥云出现。

所以,我们也可以这样去引导:奥特曼是在帮助弱小的人,是正义的化身,但不是只有打架才能解决问题。只有怪兽才会伤害别人,破坏环境。所以你是想做奥特曼,还是大家都讨厌的怪兽呢?

提醒:3 岁前还有一个重点,让孩子感受到你无条件的爱和支持,这会让他有足够的安全感,在独自面对幼儿园生活的时候更有底气。不要总是批评孩子,要求孩子服从家长的指令,剥夺孩子自发想要尝试的机会,这些都是自驱力的表现,一定要保护好。

---

3 ~ 4 岁敏感期

秩序敏感期

秩序敏感期,也有人称之为执拗敏感期,是孩子在幼儿阶段的一个"叛逆期"。这个阶段,大概出现在 3 岁,孩子的心中有了自己的秩序,希望外部世界按照自己的秩序运行。没有达到设想,他就会哭闹、焦虑、莫名其妙发脾气。

很多妈妈发现,自己三四岁的孩子突然变得任性,不管父母说的事情正确与否,孩子一律拒绝,如果父母没有按照他的想法去做，就会大发脾气，大肆吵闹，时不时地挑战父母的底线，家里的火药味越来越浓。

我朋友的孩子，只有4岁，原本在父母眼里是个很乖巧的女孩子，最近一下子变得"不可理喻"。出门坐电梯，她非要自己摁楼层按钮，你摁早了，她要哭。到了地方下车，要爸爸开车门，妈妈开了她就开始哭闹不下车。就连家里丢个垃圾，家人把垃圾丢进垃圾桶之后，她也要把垃圾倒出来，自己重新丢一遍……

怎么应对这种情况呢？方法很简单：我们从电梯里出来，再进去，让她按一遍；我们坐回车里去，爸爸再开一次门；她要再丢一遍垃圾，那就让她再丢一遍。

孩子心里的想法是：我知道垃圾袋是用来装垃圾的，可为什么是你们把垃圾装了，不应该由我来装吗？因为我也是个大人了。所以，我要做的事，就是按照我的秩序再来一遍。我把垃圾倒出来，自己再丢一遍。

很多家长担心这样做会把孩子惯坏了，让他脾气更大了。来，我给你一个画面你自己体会一下。

你在看电视，发现有本杂志掉地上了，刚好孩子的爸爸（妈妈）走过，但是直接走过，并没有把杂志捡起来。你会不会发脾气？会！为什么？因为你内心预设的画面是他把这本杂志捡起来了，但是他并没有！孩子也是这种感觉。

这个阶段是心理发展的需要，也进一步促进孩子独立意识的产生。孩子不会因为父母发脾气或指责就屈从或服从。你不如坦然接受，对他多些忍耐、宽容和理解，让他快乐地度过这个独特时期。接纳他的情绪，反倒会有很好的效果。

一个很重要的原则是，只要孩子的做法不伤害自己、不打扰别人、不破坏环境，就让他去做。如果家长实在管不住自己的脾气，请想想我刚才讲的"掉在地上的杂志"，你的情绪就会变好了。

审美和完美敏感期

我曾经在直播间接到一个妈妈的咨询，说自己的女儿每天上学路上总是哭哭啼啼，能哭一路。

妈妈说："唉，景老师，我们家孩子特别矫情，特别自私，什么东西都要一整个。家里蒸了肉包子，她非要一整个，可是她又吃不了，这不是浪费吗？我掰一半儿给她，她又哭又闹。吃块曲奇，磕碎了就要换块完整的才吃，一点儿不懂得节约。我们买草莓，她就喜欢那种长得完美无缺的。但凡有一点磕碰，她都不吃。一盘草莓来了，她把最好的挑着吃完了，剩下的留给家人……景老师，我和她爸爸都不是这样的人，她是不是越变越自私了？我怎么养出这样的孩子来！"妈妈越说越上头，声音都颤抖了。

我告诉那位妈妈，其实这是孩子进入了审美和完美敏感期。处在这个敏感期的孩子，在他们的观念里，东西必须是完美的，无论是玩具、食物，还是图书，这种想法跟节约没有丝毫关系。

我又问了妈妈几个问题："你是不是发现除此之外，她最近特爱美，穿的衣服必须按她的想法去搭配？比如，白裙子配花秋裤、红上衣配绿裤子，她也不嫌丑？"

妈妈马上说："对对对，景老师你怎么知道？在我家装摄像头了吗？"

其实摄像头倒是没有装，这是每个孩子必经的阶段。这时候，父母要做的事情，就是尊重孩子，让她穿自己想穿的。否则，你越说她，她越要坚持。其实等到了幼儿园里，听到小朋友、老师的评价，她会自己修正的。这种被满足的孩子，他们的审美会逐渐形成自己的风格。

我儿子之前也是这样。重庆大夏天快 40 摄氏度，我出差回来，他跑下楼来接我。看到他第一眼我就愣住了：在 40 摄氏度的高温下，他脚上穿着高筒雨靴，下身穿一条深蓝色摇粒绒裤子，上身穿一件红色 T 恤，我说："你这啥打扮？"他说："靴侠，靴子的靴，大侠的侠！我酷不酷？"

"酷，很酷。"

…………

爸爸说这是他自己选的，虽然奇怪，但我们尊重他。他感觉穿着有点热，过一会儿就自己要求换回短裤了。而且目前看来他的审美并没有出现问题。反倒是我自己，因为小时候总听父母和哥哥姐姐的安排，现在总是在穿衣、发型上有点自己的"小叛逆"。

绘画敏感期

每个孩子都是天生的艺术家，他们会用绘画的方式展现自己对这个世界的感受。尤其到了绘画敏感期，他们会热衷且痴迷于这种表达形式。否则家里就不会有那些涂满口红的镜子和满是彩笔印的墙了。

最早的涂鸦期，孩子会画那些无序的毛线团和各种简单的形状。如果你看不懂，可以请教他："你画的是什么呀？教教妈妈（爸爸）吧！"孩子总能给你讲出很多你意想不到的内容。

到了三四岁，他们通过观察和学习，可以画出事物的基本轮廓，比如我们通常说的只有头、躯干和四肢的大头娃娃。

如果父母不想每天重复清理这些令人头疼的"作品"，请牢记下面几条温馨提示：

第一，给孩子准备绘画的材料，年龄越小，笔越粗，甚至刷子都可以；

第二，给孩子提供绘画的区域，如白板、黑板、画纸，这样孩子就不会画在墙上、沙发上了；

第三，孩子的作品不一定非要画得"像"，只要孩子愿意画，大胆画，就会对他的精细动作和想象力产生帮助。

我弟弟是国内头部动画公司的首席原画师。他高二才开始学画画，大家都在惊叹他怎么做到的。我清楚地知道，当他用铅笔把家里的每堵墙都画满的时候，我妈妈不但没有打骂他，反而愿意听他讲自己到底画了什么。只是那时候我还小，不懂敏感期，不知道那时的他缺的是一面黑板墙罢了。

物权敏感期

这个年龄段的小朋友，已经在读幼儿园小班和中班了。他们的人际关系非常单纯，就是一对一地交换食物、玩具、图书。可能有一天孩子回家后你发现他的小书包里装着玩具、贴纸或食物。你问他哪儿来的，他会告诉你"我用卡片换来的"。

他知道，自己的东西给不给别人，自己有决定权，拿别人的东西要征求别人的同意，这是小朋友们交往的主要原则。在幼儿园，老师也会帮孩子建立这个秩序，从而形成"你想玩我的玩具，那就换着玩"的规则。

很快，因为社交能力的提升，孩子们需要团队合作，进入交叉游戏阶段。孩子们必然开始喜欢和他人分享物品，这是成长的规律。在此之前，孩子的物品应该归他自己所有，不能强迫他放弃自己的东西，同时要让他学会尊重他人的拒绝。

有的家长或幼儿园老师会强制孩子把自己的东西分给客人、小朋友，这是错误的行为。虽然分享是我们民族的良好传统，但它不适用于 4 岁前的孩子，更别说孔融让梨了，这容易让孩子形成讨好型人格。这样的后果是，他觉得自己的东西被强制分享给了别人，自己也能强行得到别人的东西。

真正的分享，是在孩子满足了自己的需求之后，多出来的部分可以分享给大家，把一份快乐变成多份。我要劝告家长们，无论什么物品，既然是你给孩子买的，那么孩子才是物权所有人，他可以自己决定要不要分享。

而且你也不必担心他变得自私，因为在幼儿园的社交活动中，他自己会逐步地体会到分享的快乐。我们不必强迫孩子把玩具让给弟弟妹妹或者其他小朋友。

诅咒敏感期

进入诅咒敏感期，孩子会发现诅咒（也就是脏话）的"威力"。

那些原本天真可爱的孩子，突然言语间有了很多的脏话和"屎""尿""屁"。天天挂在嘴边的就是"臭屁"小屁孩""臭老师""屁妈妈"，甚至还会说"打死你""咬死你"。成人的反应越强烈，孩子越喜欢说这些话。如果家长的引导方式对了，这个敏感期很快会过去。否则，可能会破坏和谐的亲子关系。

举个例子，当孩子第一次在家里说"屎""尿""屁"时，妈妈说："哎呀，老公，孩子开始说脏话了！"这种夸张的表现，会让孩子觉得，是不是说这些话能让爸妈开心？所以，他下次还会接着说。另一种情况，孩子一说"屎""尿""屁"，爸爸妈妈就很生气："跟谁学的？小小年纪满嘴脏话，再说就打嘴！"孩子会发现原来这些话可以点燃家长的情绪。

家长的这两种反应，都是过度反应，让孩子感受到了诅咒的力量，反而更关注和喜欢使用这类词。

相反，如果家长听到这些话之后，心平气和地跟孩子讲："这些话是脏话，是不好的话。你知道这些话有什么作用吗？它们会让你没有朋友，会让小朋友远离你。所以妈妈建议你以后最好不说了。"轻松地跟孩子沟通，这个敏感期很快就会过去。

切记这时候的脏话和品德、道德无关，这是每个孩子必经的阶段。有的孩子是因为感受到了语言的力量，有的孩子是模仿了别的小朋友或者大人，还有的孩子觉得说这些话很"酷"，甚至说是从电视剧或者动画片里学来的。我们要做的除了科学引导，还应该以身作则，筛选影音素材，给孩子打造健康的成长环境。

有些家长说，我家孩子就从来不说脏话。请相信我，不在你面前说，不代表他不说。越是强势的家长，孩子越惧怕你，但是也会学着你的样子去对待周围的人。所以家长要学习敏感期的知识，帮孩子顺利度过诅咒敏感期，促使他的行为是自我管理、自我驱动的结果，而不是惧怕父母惩罚而演出来的。

4 ~ 5 岁敏感期

出生和性别敏感期

有妈妈说："最近儿子总要和我一起洗澡，而且一边观察我的身体，一边问我一些让人尴尬的问题，我该怎么做？"

有家长说："孩子总问我，他是从哪儿来的。我按照网上的说法告诉他，可他继续追问，我该怎么办？"

还有家长说："我女儿最近总喜欢看小男孩的身体，每次看到小男孩站着撒尿，她都会靠近观察，有一次甚至伸手去摸了摸，女儿这样做，我该怎么教？真是愁死了！"

…………

对这些问题的解答关乎孩子安全感最早的来源。他们关心自己从哪里来，要到哪里去，但很多家长会用"你是从垃圾堆里捡来的""你是从石头缝里蹦出来的"来回答，这些成人眼中的玩笑话，会对孩子造成伤害。即使孩子长大了，知道这是玩笑话，它带来的伤害也很难消除。

幸运的是，随着时代的发展，年轻的父母们可以通过越来越多的渠道和途径告诉孩子事情的真相。比如，绘本《小威向前冲》《宝宝的诞生》《我们的身体》，还有相关的视频，大家都能搜索到。

关键是家长们要认识到，问题的症结在于成人都以为生命诞生的通道和"性"有着紧密的关系，而对孩子们来说，认识性别和生殖器官，就像认识眼睛和鼻子一样平常。

有一套绘本告诉孩子，妈妈身体里的种子叫卵子，爸爸的身体里的种子叫精子，它们做了朋友之后，就在妈妈肚子里有个叫子宫的地方开始长大，等到成熟了妈妈就去医院，医生就帮宝宝来到世界上。

如果孩子再问医生是怎么做的，家长可以告诉孩子：就像牙医知道怎么帮你补牙，妇产科的医生也知道怎么帮助宝宝出生，你要想知道这些，就努力学习，以后做妇产科医生就好了。

孩子们看了各种宝宝的彩超照片，体验了肚子前放上靠垫后的走路不便，就能体会到妈妈的辛苦。

你可以大大方方地和孩子沟通。你不愿讲，孩子就会从其他渠道获得碎片化的信息，这更不利于孩子成长。而对于男孩子和女孩子身体上的差别，家长们也不用太紧张，我们可以像谈论保护牙齿和保护视力一样，轻松自然地和孩子谈这个话题。

我在 2006 年的时候把以上方法做成了课件，并且获得了省级公开课的第一名。孩子们都能接受，也都挺喜欢的，大家不妨在这个敏感期里，和孩子一起试一试。

人际关系敏感期

从孩子们一对一交换玩具和食物开始，他们就有了一种新的交往模式——我带好吃的跟你分享，你跟我做好朋友。或者他们开始和交往对象分享、交换玩具，甚至是把玩具赠予对方来建立关系。但是随着年龄的增长，突然有一天，他们发现玩具无法维持正常的交往关系，"我都送给他小卡片了，他还是和别人做朋友了"，孩子就会努力提升社交能力。

能最终维持交往的小朋友，往往可以分为两类：

一类是对物感兴趣。对物感兴趣的小朋友，他们会因为共同的兴趣聚在一起，比如一起玩飞机、一起玩乐高。他们对人与人之间发生的关系不感兴趣，但他们对共同的事物感兴趣，这很像成年人参加足球俱乐部。

另一类是对人感兴趣，他们会通过人与人之间的关系来维持交往。比如，开始的时候，一个孩子把另一个孩子牵制住了，被牵制的孩子很听对方的。几个月后，被牵制的孩子心里开始不舒服，这时候，就会有斗争。渐渐地，他们发现，人与人之间是可以通过制定规则来达到和谐的。孩子的人际关系能力就跨越式地进步了。

要想让孩子的社交能力得到较好的发展，就要让他自己完成这样一个周期。在周期内给孩子空间，让他处理自己和小伙伴的关系。多倾听，只有当孩子求助了，我们才介入，这时的介入优于倾听，引导孩子说出他们的纠纷，让他自己找出关系中存在的问题。只要不是重大事故，一般情况下父母千万不要出"馊主意"，更不要替孩子出头，找老师评理。让孩子在你无条件的支持和爱的包围下，自己去经历这个过程。这是非常珍贵的"情景教学"。

身份确认敏感期

孩子四五岁的时候，你会发现，他开始模仿自己喜欢的形象：可能是某个动漫人物，如超人、奥特曼、蜘蛛侠；可能是某种喜欢的动物，如恐龙、狮子；也可能是某些美丽的象征，如仙女、白雪公主、艾莎公主等。

女孩演公主的时候会穿公主裙，打扮自己，语言和动作也会尽可能温柔和典雅；孩子想当奥特曼，随时随地都会拿着扫帚去捍卫和平。孩子甚至会进入角色，要父母用角色的名字来代替自己的名字。孩子们用这种方式来实现自己的梦想，这都是很正常的。

家长切勿一味嘲笑和否定孩子，这会让孩子心生不满，如果加上严厉的讽刺和批评，还会让孩子的身份确认敏感期推迟，甚至消失，出现身份错位等情况。

家长应该支持孩子的兴趣，因为他们正从模仿中感受快乐，丰满和塑造自己，一步步构建自己理想的人格。

音乐敏感期

我一直坚信，每个孩子都有与生俱来的才能，或者学习的欲望与能力。

在音乐敏感期，我们要让孩子了解和感受音乐，享受音乐带给他的乐趣，而不要着急给孩子规划目标。毕竟，不管孩子未来能不能成为艺术家，音乐都可以丰富孩子的生活，让孩子多一种表达自己的方式。

很多父母确实都在让孩子学习各种乐器和演唱，但更重要的是给孩子好的音乐，给他音乐环境，提高他的音乐感受力，而不是花钱去考级。一味看重考级既破坏了孩子的兴趣，家长又花钱买了心里不痛快。

符号敏感期

到了符号敏感期，孩子特别想在生活里验证一下自己认识的符号、图案、标识是否正确。比如，有的孩子喜欢找车标，有的孩子喜欢认车牌号，还有的孩子喜欢认各种交通标识，这些都是符号敏感期来临的表现。

这时候，你就带他在生活中找字。在他认识了几个字后，你可以带他去超市，在购物的过程中，让他认识更多的字。

如果他特别喜欢吃棒棒糖、巧克力，你可以告诉他："如果你能找出 5 个你认识的字，我就给你买。"他一定会兴冲冲地去找自己认识的字。

慢慢地，他会发现，他在生活中认字，不仅仅是为了棒棒糖，用妈妈给的购物基金，他可以自己购买自己需要的物品，自己可以当家做主了。

家长要做的事，就是多带他出去玩、多带他出去购物、多带他在生活中不断找字。你甚至可以把他已经认识的字收集起来，编个码，便于复习。我在前面也有提到，在这个过程中，最重要的是让孩子觉得：我识字了，我自主了，我不用依靠妈妈了。

通过兴趣带动他，你还花钱让他上识字班、上阅读班吗？

书写和阅读敏感期

你的孩子是不是会开心地跟你说"我会'画'我的名字了"？

我以前教过一个小女孩，叫王婧。有一天，她突然跑来告诉我："景老师，我会写自己的名字了。"然后就很认真地在黑板上写出了"王中"。我赶紧表扬她："呀，你真能干，王中，都会写自己的名字了，可为什么是'中'呢？"她笑笑说："我要改名字，王婧不好听。"其实我们都明白，是因为"中"字好写，但我还是表扬了她有想法。

没想到的是，她在这之后就一发不可收。她画的画再也不要我给她写名字了，所有需要写名字的地方，她都写上了"王中"。一天，她妈妈跑来问我："景老师，不得了了，我们家里现在到处都是'王中'，墙上，桌子上，哪哪都是。她还拉着我们看她写字，这是要培养出学霸的节奏吗？"其实，她只是进入了书写和阅读敏感期。

她对书写感兴趣，但对笔画、笔顺还没有概念，字对她而言，就是画出来的图画。我表扬了她，并鼓励她画出"婧"字。我惊奇地发现，很快班上很多小朋友都会写自己的名字了，他们都不需要我了。

后来，我鼓励班上的同学帮我点名，他们在一起两年了，大概都能记住这些符号，有的时候名字太难，但是记住了姓氏，根据经验也可以读出来。孩子们很积极地参与点名、画钩，开始有了自发认名字的行动。

我鼓励他们把自己能读的儿歌带给大家读，这又激发了孩子阅读识字的兴趣。每天吃饭前、放学前，都有不同的小朋友给大家读自己的绘本。一学期下来，很多孩子都认识了好几百个字。

当孩子需要阅读时，就会很积极地互相学习、不断练习，而家长要做的就是按照孩子的兴趣，给他选择图书的机会，孩子越喜欢越想读，读的次数越多，就越容易记住上面的内容。

所以，不要总是去提问和打断孩子，除非他向你求助，你只要多给他肯定和赏识就好了。

5～6岁敏感期

婚姻敏感期

你的孩子回家告诉你"明天我要结婚了"，你会不会被吓一大跳？不要担心，这是进入婚姻敏感期了。

这个阶段，孩子很容易迎来自己的"爱情"，但它和成人的爱情不同，只是孩子体验相亲相爱的一个过程。孩子会有很多看似成人化的表现，比如对结婚感兴趣、说要和爸爸妈妈结婚、回家告诉你他（她）有女朋友（男朋友）了，偷偷把自己最喜欢的糖果带给自己的女朋友（男朋友）、告诉你他（她）打算和班上的谁结婚。

遇到这些情况，家长不要紧张，这是孩子通过角色扮演，在体验婚姻和家庭生活，他们只是在体验角色。即便他们对同伴表现出了爱恋，父母也应该理解和尊重，让孩子顺利度过这个敏感期。

这个时期刚开始，男孩比较喜欢妈妈，会努力得到妈妈的爱和关注，相反，女孩更喜欢和爸爸在一起，有时候甚至会因为爸妈之间的亲密行为而发脾气。当然，这个对象也有可能是幼儿园老师。

如果小朋友要和老师或父母结婚，千万不要紧张和过度反应，也不要拒绝孩子。过了这个阶段，他就会忘记和你的海誓山盟。因为他只是通过观察，在游戏中建立自己的爱情观和婚姻观。很快他就会有所悟，转而找其他小朋友去了。他们一起演王子和公主，披着纱巾演婚礼现场。家长要明白，这段感情也会很快过去。为什么不爱了？原因很简单，"他不剪指甲、不讲卫生""今天做游戏他推了我一下"，等等。

婚姻敏感期的意义在于，让孩子明白：爱是相互的，如果做不到相爱，可以重新选择，而不要为此失去选择生活的能力。家长们一定要淡定，它会静静地来，也会淡淡地去。你希望孩子未来对待婚姻是什么态度？不需要说教，让他们看到你的婚姻的样子，他们自己就会习得。

数学逻辑敏感期

这个阶段，孩子会对数量关系、排列顺序、图形空间等产生极大的兴趣和求知欲。

他看见一桌子的东西，会去数一数，甚至动手分一下，看看每个人能分几个。其实，在这个阶段之前，孩子对数学就有了一定的认识。只不过，不同年龄段的目标是不同的。

2 岁半左右，孩子们可以学会 5 ~ 10 的基础的唱数。

3 岁的孩子有初级计数概念，可以指着物品，数出 5 以内的数量。可以区分物品明显的特征，例如形状、颜色、名称，也有分类的概念，经由大人示范，可将同类型的东西放在一起。

4岁的孩子具有明确的计数能力，能指物数数，并说出总量，有明显的分类能力。大人可以用说的方式，让孩子按照颜色、形状或性质分类。有较明显的度量衡概念，能区分高矮、胖瘦、长短、轻重。

5岁的孩子能进行简单的数学运算；能看钟表，辨认时间；能认识货币，了解币值与用途，在大人的协助下，计算用钱买东西；能进行简单的测量，例如用量杯测量中杯和大杯容量的差别，用绳子测量距离。

在孩子数学逻辑敏感期，最好的方式是让孩子在游戏中掌握数学知识，明白各种数量的关系、形状空间的概念，为以后更好地学习数学打下基础。

尽量避免用大量的书面作业来实现孩子的数学学习。这是跟孩子的思维发展方式有关的：

3岁左右的孩子处于动作思维阶段，你让他的动作停下来，他的思考就停下来了，他们需要动手操作；

4岁左右的孩子进入形象思维阶段，你会发现用具体的物品去教应用题，他们都能轻松解决；

5岁以后才慢慢进入抽象思维阶段，逐渐开始靠抽象的描述就能产生思考，但是这只是起步，所以遇到孩子理解不了的，还是要退回形象思维阶段，用实物操作来引导，就会轻松很多。

社会规范敏感期

孩子到了五六岁，基本上都上大班了，他们从以自我为中心的状态中解脱出来，开始团队合作，开始变得更喜欢交朋友。而且为了让别人喜欢自己，会不断地完善自我，以获得更多的成功和朋友。

父母可以利用这一点，教会孩子遵守规则，教孩子社交的技巧，让孩子在自律的同时成为社交小达人。

比如，我儿子小时候玩得最多的两个朋友，一个是比他大几个月的小帅，一个是比他小几个月的轩轩，每次他们玩玩具出现争执，小帅都很有哥哥的姿态，组织三个人石头剪刀布。轩轩虽然小，但会显出很有教养的样子。这让我儿子觉得和他们一起玩耍很愉快。

三个孩子从幼儿园一直玩到大，从各玩各的，到相互交换，再到一起制定规则，再后来他们在玩只能两个人同时玩的游戏机时，能通过计算使每个人的游戏时间都公平合理。

总结一下，就不难发现，孩子们可以长期保持稳定的社交关系，是因为他们能一起制定并遵守规则。在这个过程中，不需要家长的反复说教，不需要家长给孩子一条条讲规则。

孩子以自我为中心、不遵守规则、喜欢抢夺别人玩具的这些表现，都会在他们的游戏中产生"直接后果"，现实会教育他的。比如，大家不想和他做朋友了，当他抢了别人的玩具后其他孩子也抢了他的玩具，这时候他就有了共情，就会开始反思，并逐渐修正自己的行为。这些都是他经历过以后自己总结的人生经验。

自然敏感期

孩子天生喜欢亲近自然、亲近动物。看看你身边的小朋友，几乎都养过蚕，养过小蝌蚪。当然，和小班的孩子不同，五六岁的孩子已经对自然积累了一定的认知，进入了自然敏感期，开始热切地吸收一切与自然界相关的知识。

上到天文地理、宇宙星球，下到小鸡小鸭、种菜养花，他们都想一探究竟。著名的科学家达尔文，小时候经常不上课，跑到学校后面的树林里玩，亲近小动物，观察植物。在玩耍的过程中，他和自然界建立了亲密的关系，为以后的进化论研究奠定了基础。换句话说，没有童年的这段同自然沟通的经历，或许就没有今天我们认识的达尔文。

所以，我呼吁爸爸妈妈们，虽然绘本、纪录片能给孩子不一样的视角和广度，丰富孩子的认知，但只有给孩子提供在大自然中学习的机会，才能让孩子同自然产生联系。

动物园研学、植物园露营、海洋馆探秘，甚至很多国际幼儿园安排的海边毕业旅行、沙漠徒步旅行，目的都在于此。幼儿园阶段课业负担很少，是带孩子行万里路最好的时机，一定不要错过。

如果家庭条件允许，也可以给孩子养一些小动物，猫、狗、仓鼠、小乌龟、金鱼都可以，一来可以培养孩子的爱心，给孩子带来乐趣；二来可以让孩子感受生命的生存状态，让孩子的情绪得到释放，提升专注力，进而减少生理和心理上的不适，一举多得。

文化敏感期

3岁左右，孩子会对学习文化产生兴趣，这时候的孩子很渴望得到知识，看到什么都想问，什么都想知道，但是家长说了，孩子也不太懂，一副半知半解的样子，也许只过一天，又会问家长同样的问题。家长应该做好准备，每天迎接孩子的十万个为什么。

到了6岁，孩子则出现了想探究事物奥秘的强烈需求。和之前三言两语就能打发不同，到了这个阶段，孩子只要提问，基本就是打破砂锅问到底的连环问。

小时候他会问："火车为什么会跑？"妈妈只要说"因为它有轮子"，孩子就不再细究。这个阶段，他会问："火车为什么会跑？""为什么它要在铁轨上跑？""为什么没有轮子的火车反而跑得更快？"刚开始家长可能还很高兴，耐心地解答，可是渐渐地发现，孩子的问题越来越多，越来越有难度，很多问题，家长根本回答不了。

家长如果真的不知道答案，也不要紧张，可以利用这个机会培养孩子的思考能力。你可以说："你这个问题提得真好，你觉得答案是什么？"用反问的方式，鼓励孩子寻找答案，培养孩子独立解决问题的能力。

这个年龄段的孩子，已经开始积极地吸收文化知识，很多家长趁机让孩子读《弟子规》《三字经》，对此，我个人持保留意见。与其背诵，还不如在孩子感兴趣的前提下，通过童谣、故事、游戏的方式，让他们多了解一些民俗文化。或者是带孩子参观博物馆、科技馆，也更符合孩子的年龄特点。建议家长让孩子在玩的过程中了解文化知识，发展孩子的能力。

孩子这时的心智就像一块肥沃的土地，准备接受大量的文化播种。家长可以多让孩子接触各种文化，不仅是本国的文化，世界文化也要让孩子有所接触。带孩子了解世界各地的风俗习惯和历史、地理等知识，能帮助孩子打开视野，看到更精彩的世界。

针对孩子的敏感期，我还有几点要提醒家长们注意：

第一，上述各种敏感期长短不一，从几个月到几年不等。敏感期是短暂的，并不是永久的。敏感期出现的时间会有一些个体差异，比如有些孩子不到 2 岁就开始总说"不行，不可以"，而有些孩子到了 2 岁半才开始。这都是正常的。

曾有家长在学完我的敏感期课程以后，发现了自己家孩子的问题：社交障碍、认知障碍，甚至自闭症。早发现、早干预对孩子的康复有很大的帮助。

第二，蒙台梭利认为，有些敏感期是一种与成长密切相关的现象，并和一定的年龄相适应，它只持续一段短暂的时期，只要消失就永远不可能再现。在这个敏感期内孩子会主动地、反复地去做同一件他感兴趣的事，这是宝贵的自我驱动。建议家长们好好学习有关敏感期的知识，一定不要错过了黄金的 0 ~ 6 岁。

第三，环境影响处于敏感期儿童的心理发展。家长了解了敏感期，给孩子提供环境的支持，就会引发孩子能力的飞跃。但是如果不了解这些，背道而驰，就会发现你家的孩子"脾气大"。

每一个孩子的问题，都是家长教养的问题。为什么"脾气大"？是因为需求不被看见、不被尊重、不被满足。读懂孩子的敏感期，才能了解孩子行为背后的需求，才能让孩子的自驱力和天赋不至于被荒废。

当家长对这些敏感期有了深刻的了解之后就会明白，孩子在某些阶段的特殊表现，并不是因为他们失去了动力，或是情绪有所波动，而是符合生理规律的正常表现，家长没必要大惊小怪。

在相应的敏感期，让孩子做他们该做的事情，才能不断激发他们内心的探索欲、求知欲，培养他们的自驱力。

自我驱动，养育高自尊的孩子

家长们思考过这样一个问题吗？看看你孩子同班的小朋友，他们上一样的幼儿园、吃一样的饭、用一样的教室、睡一样的床、有一样的老师，三年以后从幼儿园毕业，孩子的差异为什么这么大？

千万不要把所有的锅都甩给"遗传"，这是不负责任的。一般来说，孩子"出厂"时的配置，也就是遗传上的差别并没有那么大。

我曾经算过：一天24小时，孩子早上8点左右送到幼儿园，下午5点接回来，他跟老师待在一起的时间总共只有9个小时。而剩下的15个小时，加上寒假、暑假，以及周末时间，都是与家长一起度过的。如果0～3岁不送托班，那么黄金6年里，孩子只有1/6的时间是和老师待在一起的。

有人说：你偷换概念，孩子睡觉的时间你都算进去了。可是睡前阅读、良好的作息习惯、充足的睡眠会带来身高、大脑发育的差异，为什么睡眠就没有价值？

也就是说，孩子在 6 岁前有近 5 年和家长在一起的亲子时间。抛开遗传因素，"亲子时间"也就是家庭教养拉开了孩子之间的差距。

我一直认为，每个孩子都是好孩子，而且好孩子是没有标准的。一个孩子的父母能否读懂孩子，是否愿意倾听他的想法，是否愿意支持、肯定他的探索，是非常重要的。父母做到了这三点，任何一个孩子，都能成为最好的自己。

说句扎心的话：没有教不好的孩子，只有不会教孩子的"笨父母"和"笨老师"。我们要掌握 100 种方法，尝试教好一个孩子，找到适合他的方式，而不是拿一个方法，学一个话术，企图教好 100 个孩子。

同样地，要激发孩子的自驱力，家长就需要从多个角度进行尝试。但从本质上来说，首先要给孩子充分的尊重。

有些家长就像直升机，在孩子头顶上盘旋，时时刻刻要求孩子"听话"，所有事都按家长的要求来。我曾经遇到有位家长说："老师，我孩子吃饭用门牙吃，不用大牙咀嚼……"

我当时真的替孩子感到悲哀，当即反问她："你对自己的生活满意度打多少分？ 100 分？ 80 分？还是刚及格？是不是不满意？如果满意，你就不会把自己现实生活中的失控感变相强加到孩子身上，希望 100% 地掌控孩子。你要复制另外一个你吗？"

事后我有点后悔当着直播间那么多人批评了这位妈妈，但是事实上，这样下去既会毁了孩子，也会毁了家庭。时间久了，孩子就没有自我管理的驱动力了，往往是"我妈（爸）让我干啥我干啥"。一个没有主见的孩子，你想过他走入集体，步入社会，以及组建自己的小家庭以后会是什么样子吗？

相反，当孩子被家长尊重，他就会觉得：我能为自己做决定，能够自我负责。只有这样，才能形成很强的自驱力。

但高尊重的前提是不溺爱。溺爱和尊重，中间有一条线。这条线我经常说，在这里再次强调一下：只要孩子做的这件事不伤害自己、不打扰别人、不破坏环境，就让孩子大胆去试错。

如果你真的想让孩子有高自尊，我可以介绍几种方法。

教育孩子，用事实而不是权威

我儿子一直喜欢做饭，他未来的梦想是成为一名厨师。初一的一天，他写作业遇到问题，对自己很失望，不想写了，开始摆烂。我说："你不是喜欢做厨师吗？我尊重你。你最早能学的厨师课程，也得等你初中毕业上职业学校。这样吧，我给你老师打个电话，今天的作业不写了，是我的原因不写的，老师应该不会追究你的责任。现在你去厨房，拿咱家的纯铁炒菜锅，颠上一个小时，体验一下那是不是你想要的。颠完之后，再告诉我你的答案。"

一听不用写作业了，儿子很开心，甚至有点不屑：不就一口锅吗？颠到 20 分钟，他脸上在冒汗；颠到 35 分钟，他的胳膊在抖。可他还是有要跟我较量的决心，仍然没有放弃颠锅。

等他已经拿不动那只纯铁锅了，我说："你现在是颠一口空锅。可你看看人家职业学校的孩子，他们的锅里还要装上沙子，一节课要颠 45 分钟。你现在的体力能行吗？"

听我说完，儿子还在咬牙坚持，这时候已经是两只手才能拿动那只铁锅了。他倔强地坚持到最后一刻，说："老妈，我去写作业了。"

当孩子泄气的时候，你需要批评他吗？不需要。只要让他看到事实，他就能有自己的判断。

后来，我跟他说："我希望成就你的职业理想，做一名厨师。但我希望你是身心都准备好了，再去选择做你感兴趣的事。而不是在 16 岁，身体还没长成熟，自我规划还不清晰时，因为没有选择，只能去颠勺。"

儿子就从那个学期开始，转变了学习态度，"开窍"了，学习、生活都不用我去唠叨，因为他心里有光，知道自己要什么。他不是为了做个"听话"的孩子去读书，而是为了自己想要的生活，为了自己的目标在努力。

有技巧地表扬孩子

科学有效的表扬，也会很好地帮孩子建立高自尊。

那怎么夸孩子才是最好的呢？我认为核心在于夸奖孩子的态度和变化，表扬过程中发生的具体事情。

第一，表扬孩子的态度。

比如：

"宝贝，你今天吃饭很认真，没有说话，你一粒米都没有掉。"

"宝贝，你很认真，很努力，所以才考了100分，恭喜你。"

"宝贝，你今天穿鞋的速度比昨天快，而且左右脚没穿错。"

"宝贝，妈妈看到你今天帮老奶奶按了电梯，等人都上完了，你才按了关门。妈妈真为你自豪，你是这么体贴的孩子。"

…………

这样表扬，孩子就会知道自己好在哪里。而且因为你表扬的是具体的动作，所以，孩子会继续强化他的具体动作。如果家长只是夸"你最棒""你吃得最快"，就会给孩子一个自以为天下第一的错误观念。

第二，在社交场合顾及孩子的"面子"。

有两种情况，父母特别容易影响孩子的高自尊。正在看这本书的你，是不是在中国式的表扬中长大的？

当别人夸你家孩子的时候，你是不是总说"没有没有""哪里哪里""他没有你们说得那么好"？谦虚是中华民族的美德，很多人在人前不好意思说自家孩子好，认为这是谦虚。实际上这会让孩子觉得自己不够好，父母对自己不满意，从而打击了孩子的自信。下次遇到有人表扬自己的孩子，请大大方方地说"谢谢"。

你是否曾在社交场合当着自己孩子的面使劲地表扬对方家里的小朋友，完全不顾自己孩子的感受？

成人觉得这是美德，是懂得欣赏别人，又很谦虚。可是为什么你家孩子就会生气发脾气？这真不是孩子有问题，你试想，如果你的另一半在社交场合当着你的面，不断夸你的朋友样貌好，能力强，你心里难受吗？答案想必是肯定的。只不过你比孩子年龄大，可以尝试掩饰，而孩子只是单纯地表现了不满。

这种情况下，我一般会说："××跳舞跳得真好啊！孩子有毅力，也懂坚持。我们家豆豆在这方面要向××学习。但我家儿子比较安静，喜欢读书，还给我讲各种各样的故事。有你真好啊，儿子！"回头给自己孩子一个肯定的微笑……

会夸的妈妈在表扬别人家孩子的同时，也会顾及在场的自家孩子的感受，让他知道妈妈是关注自己的。

之前我在平台上看到一条视频：一位妈妈答应给女儿买手机，结果到了商场，当着所有人的面，跟孩子说不买了。这个女孩就在商场里发脾气，妈妈也站着不走了，她希望用舆论、用所有人的嘴来给女儿施压，让女儿屈服。结果孩子就和妈妈在商场里打了起来，上了热搜。当大家都在说女儿不懂事的时候，我真的很心疼这个孩子。

这位妈妈如果跟孩子已经提前达成了协议，那就要遵守诺言，而不是和舆论一起去网暴孩子。

再如，孩子到了商场，看上一个玩具，不愿意走了，家长就开始当着那么多人的面打孩子、骂孩子。孩子心想：你都不给我留尊严，我能不在地上打滚吗？

其实，家长可以告诉孩子："我们已经有几个同样的玩具了。如果你真的想要，妈妈（爸爸）答应你，等你把零花钱攒够，咱们就来买这个，好吗？"

即便孩子真是听不进去，在地上打滚哭闹，也请你把孩子带到自家车里或者母婴室里去教育，因为这两个地方都属于私密空间，能保护孩子的自尊。

帮孩子建立清晰的自我评价体系

有自驱力的孩子，一定是高自尊的。而高自尊的孩子，是有一个清晰的自我评价体系的。他的评价体系让他能看到自己的优势在哪里，他要活成自己眼中最好的自己，而不是别人眼中最好的自己。

如果你仔细观察会发现，以前我们向别人介绍自己，都表现得很谦虚。但是现在年轻人的简历，都是说自己擅长什么，有多优秀。这是一种观念的改变。以前讲木桶效应，说你的短板决定了你人生的上限。但现在变了，你的优势才决定你人生的上限。所以，家长要转变观念，发挥孩子的特长、天赋，让长板可以破圈。

想养出高自尊的孩子，你就要让孩子从小认为，自己是值得被爱的，自己有很多优点。这种孩子一定是自信的，头顶上是有光芒的。这种自尊和自信则来源于家长表扬、肯定孩子的方式。

所以，父母们，请真正尊重你的孩子。你今天种下了尊严的种子，未来就会收获一个高自尊、能自我驱动的孩子。

02

性格类型决定培养
自驱力的方式

孩子性格和自驱的关系

在教师资格证的考试中，每次必考的一个知识点是关于"气质体液说"的。（"气质体液说"是由古希腊著名医生和学者希波克拉底首先提出的，后巴甫洛夫从神经心理学的角度解释了该学说。）目的是希望老师能够全面了解不同孩子的性格类型，用孩子最能够接受的方式来引导他。这样就能更好地激发孩子的自驱力，提高教学效率。

这个理论提出：人是有不同气质类型的，主要分为：

多血质：体液中血液占优势，属于敏捷而好动的类型。

黏液质：体液中黏液占优势，属于坚持而稳健的类型。

胆汁质：体液中黄胆汁占优势，属于兴奋而热烈的类型。

抑郁质：体液中黑胆汁占优势，属于沉静羞涩的敏感型。

作为幼教工作者，在日常幼儿园一线教学工作中我们也会经常用到，可以帮助我们针对不同性格的孩子，采用不同的教育方式，高效地和孩子沟通，提升教学效果。

但是如果把这些生涩的内容给家长去讲解，谁听得进去？更别说在家庭教育中运用和大面积普及了。

2008 年，我入职金宝贝早教中心做运营总监，到总部接受入职培训时，人力资源发展部让受训员工做了一个快 10 页的性格色彩测试（Four-colors Personality Analysis，FPA），使我发现了这个有效且有趣的工具。

FPA 的四色分类同样以希波克拉底的气质体液说为源头，但是它用了颜色来让大家更好地区分性格。这个测试可以帮助受试者更好地了解自己的性格特点和行为倾向。这样用四种颜色来标记性格，就避免了通常容易混淆的麻烦，让使用者更容易掌握。

我那时面对的都是 0 ～ 3 岁孩子的家长，熟练掌握这个工具之后，我就可以快速判断家长们的性格类型，让我们的沟通更加高效和顺畅。由于教学效果好，我们中心的满意度也连年排在全国头部。

后来我开始在网络平台上做育儿博主，跟随我学习的已经有上万个家庭，他们出现了一些共性的问题：

为什么在大宝身上管用的方法，到二宝身上完全无效？

为什么我把专家讲的方法一字不差地复刻，孩子却油盐不进？

为什么别人家的孩子热情大方，我家孩子上了口才班却依然沉默少语？

…………

看了很多书，学了很多课，为什么依然找不到对自己孩子有效的方法？

根据自己学习的乐嘉老师的性格色彩理论，以及 FPA 儿童性格色彩简易测试，我发现了了解孩子的性格对家长们的重要性。

在前期的时候，我也尝试过教家长们用红色、黄色、蓝色和绿色来标记孩子的性格特点。只是在这个过程中，可能是因为颜色可以混合，家长们分享的时候就闹出了很多笑话：

"老师，我家孩子是红加黄，是不是橙色性格？"

"我家孩子是各种颜色都有，是不是黑色性格？"

…………

于是，我进一步地改进，用动物类型来标记孩子的性格。孔雀代表红色，猫头鹰代表蓝色，老虎代表黄色，考拉则代表绿色。

我用 4 种动物来表示 4 种性格，让家长们更容易把这种动物的特质迁移到孩子身上，不仅方便记忆，而且让家长们更容易找到属于自己孩子的性格类型，从而减少误解。

有上万名学员通过学习掌握了这个工具，不仅了解了自己的性格，更读懂了孩子的性格特征，找到了孩子性格的优势、性格的雷区，不再盲目地去和"别人家的孩子"比较。

家长们看到了每个孩子的性格差异，找到了最适合自己孩子的沟通方式，重建亲子关系，真正做到因材施教，大大降低了育儿焦虑。

作为家长们贴身的育儿教练，我最明显的感受就是：每当有家长向我求助育儿难题的时候，他们不会直接问问题，而是会很认真地先说出自己孩子的年龄、性别、性格类型，再去描述具体的问题。这样我给的改善方法就更有针对性，效果也更好，皆大欢喜。

我也希望正在读这本书的你，通过学习，掌握这个工具，做个会因材施教、会高效沟通的家长。

下面讲一讲这四种类型孩子的特点。

孔雀型：这种孩子语言表达特别有感染力，爱说、爱表现。他的自驱力来自：做这件事，能让我快乐！他的快乐来自别人对他的表扬和肯定。他要闪闪发光，他需要舞台展示。另外，这种孩子情绪起伏很大，一点小事就会触发他的情绪，说不定就会情绪爆发。但很好的一点是，他的情绪来得快，去得快。这一秒翻脸了，下一秒就翻篇了。

老虎型：这种孩子的头上写着一个"王"字，是天生的领导者，需要更多的人追随他、崇拜他。他做事的目标就是证明自己是对的。如果有人质疑他，他会想尽一切办法证明自己，并反驳，直到达到自己的目标为止。

猫头鹰型：这种孩子拥有追求完美的性格，做事的时候，话说得不多，但非常细致、细腻。他对自己的要求很高，会有过度的精神内耗。他学习起来又自觉又有条理。他的自驱力来自：我要把事情做到我认为的最好。

考拉型：这种孩子温柔，有很好的情感感知能力，做事、做人好像天生自带超脱的悟性。他不想争第一，觉得世界和平是最好的，他想避免争吵、躲避竞争，他很热心地想帮别人，但他不需要太多的排名、权利，甚至不会提出太多的要求。

这四种类型中，老虎型、猫头鹰型自驱力相对比较强，孔雀型是需要外力驱动的，考拉型的自驱力相对弱一些。

因为老虎型想要证明他是对的；猫头鹰型想要把事情做到完美。而孔雀型需要别人的关注和赞美；考拉型则是不争不抢，不吵不闹，不要给他太多压力就好。

关于性格，我有三点要说明的：

第一，每一个人都是两种以上性格的组成。比如，我就是孔雀 + 老虎，所以我说话、讲课的时候，感染力是毋庸置疑的。而且，我如果要做一件事，就会全力以赴，哪怕不吃不睡，也一定要做到最好，这是老虎型性格在作怪。从小我做任何事都要争第一，如果只做到第二，我会觉得自己不够努力。这种性格的优势在于，如果让我的人生重来一遍，我还会走同样的路，因为我努力过了，没有遗憾。不好的地方在于：太累了，背后的辛苦只有自己知道。我的父母和爱人都觉得：你要不要那么拼？怎么总跟自己过不去？

第二，在 0 ～ 3 岁这个阶段，孩子的性格是不稳定的。如果你发现他各种性格都有，千万不要着急。你可以通过引导，帮孩子塑造性格，越早了解就可以越早地引导。到六七岁时，他的性格就会基本形成。这就是为什么很多家长发现，上小学的老大性格特别清晰，3 岁多的老二什么性格都有的原因。这是正常现象，不要焦虑。

第三，不要试图去改变孩子的性格。如果你看过《红楼梦》，你就会发现，林黛玉无论如何都不会变成王熙凤的性格。

第四，性格没有好坏。我们要了解孩子的性格。不是说性格决定命运吗？我们把孩子性格的优势发挥到最大，帮他用适合的方式培养自驱力。我们也要了解孩子的性格雷区，降低雷区对他成长的影响。没有完美的性格，也没有完美的孩子。家长们切勿纠结，切勿精神内耗。

那对于不同类型的孩子，如何帮助他们培养自驱力呢？

孔雀型：想他成什么样，就往什么样夸

如果你家孩子是孔雀型的，那么想让他做到你心目中的样子，就不要对他批评、打骂，而要夸奖他。

你想他今天比昨天更进步，就把他朝着你想他成为的样子去表扬。要用好之前提到的技巧，夸具体的表现，夸态度，夸变化，夸努力，而不是简单粗暴地表扬"你最好"。

比如，孩子穿衣服的时候，你要说："今天这身衣服搭配得真漂亮，你看，粉红色的上衣，配一条白色的裤子，比昨天那个红上衣配绿裤子要好看太多了，你真有眼光。"

孩子就知道，这样是漂亮的，是美的，会开开心心和你一起出门了。

如果你说："你看你穿的是啥，红上衣配绿裤子，难看死了，我可不想跟你一起上街。去换上粉色的上衣和白色的裤子，

不换我们就不出门了。"你以为他会换？错了，他就坐在那里开始发脾气，磨蹭，用行动抵抗。最后你绷不住了，又是一场"硬仗"……

孔雀型孩子沟通的技巧是：想让他成为什么样，就往什么样去表扬，表扬得越具体，他收集到的信号就越多，下次就会做得越好。为什么？因为他渴望被你关注和表扬啊！

老虎型：留够面子，不在人前跟他争对错

如果你家孩子是老虎型的，那么千万不要跟他争对错，你也争不过他。

比如，外边下雨了，你说："你最好穿双雨靴出去，不要穿球鞋，会透水的。"他会说："不，我就要穿这双。"你们两个都想说服对方，最后的结果往往是你很生气，他也很生气，上幼儿园还要迟到。

最好的处理方式是，尊重他的想法，让他在可控范围内试错。毕竟鞋子湿了不会危及生命安全，不就是等会儿换一双吗？以后你就不用再为此烦恼了。

妈妈（爸爸）可以说："你确定要穿这双透水的鞋子去上幼儿园？外边可是下雨了。"他说："是的。"妈妈（爸爸）说："好吧，但我建议你可以穿双雨靴。"孩子一定会说"不"。这时妈妈（爸爸）可以说："那好，就按你说的办，我拿双雨靴跟你

一起去，好吧？如果中途你有需要，可以告诉我，咱停下来，换鞋子。"

结果毫无悬念，不一会儿脚就湿了，鞋子穿着不舒服了，他就会叫"妈妈（爸爸）"，你可以问："我能帮你什么？"他说："鞋湿了。"这时候，你可以说："你想换鞋子是吧？好，咱们找个地方换鞋子。"

下次下雨的时候，你再问他："我们今天穿什么鞋子？"他就会说："我要穿雨靴。"

总之，要允许他去试错。尤其不要和"小老虎"在人多的公共场合争吵。越是人多的时候争对错，你越感觉累，因为他要面子。但是，只有你们俩的时候，他验证过以后，就会很快知道，下一次应该怎么办。只有这样，孩子才会形成自驱力，才能更好地自我管理，父母也能少生气。

猫头鹰型：表扬不在多，而在于精准

猫头鹰型的孩子，跟孔雀型的孩子基本是相反的。他们非常细腻，一定要细致地做每件事情，所以千万不要对猫头鹰型的孩子说"你真棒""你真能干"，他会觉得你在敷衍他。

猫头鹰型的孩子，需要你很认真地观察他到底哪里好。表扬不在多，一定要精准。养一个猫头鹰型的孩子，家长不需要担心他的自驱力，他本身就具有自驱力。

举个例子，"小猫头鹰"写作业，因为要求高，所以写得不好要撕掉重新开始，经常一本本子最后撕得没剩几页。

你要告诉他："你已经做得很好了，你看看其他小朋友妈妈发的朋友圈，他们的字有你写得好吗？你完全可以不撕。就这样往后写，写完这行，咱赶紧出去玩，不要为难自己。"

只有这样，他才会饶过自己。通常他写作业慢的原因，不是不会，而是对自己要求太高，反复纠结，钻牛角尖。父母要做的是让孩子看到自己已经做得很好了，让他不要对自己要求太高。

考拉型：引导孩子自己做决定

生一个考拉型的孩子，家长太开心了，这种孩子不吵、不闹、不追、不打、不跟人家起冲突，还听话，是很多家长眼里的"乖宝宝"。如果问老师，老师也会说"挺好的"。其实背后的意思是：不犯错，也没有什么突出的表现，容易给人一种无所谓的感觉。

对于这种孩子，我希望家长引起重视：在人生这条道路上，家长只能陪孩子一程，陪不了孩子一世。未来人生有很多决定需要他自己拿主意。

所以，你要引导孩子，让他尝试自己做决定。他有这么好的人缘，又有这好的心态，如果再加上会做决定，你告诉我，这样孩子是不是会更优秀？

当然，一开始可以从小的决定开始，比如，早上刷牙时你可以说："宝贝，你是用香蕉味的牙膏，还是用苹果味的牙膏，你决定。""好，苹果味就苹果味，苹果味的一定很舒服。另外，你是想让妈妈陪你一起刷牙，还是爸爸陪你一起刷牙？""好，爸爸陪你刷牙。"

这样就把决定权交给了孩子。如果早上孩子不愿意刷牙，你也可以把话题引到做决定上（如上述例子），而不要对孩子发火。这种孩子，你一发火，他就不敢跟你说话了。

读懂你的孩子

在绝大多数孩子身上，都会呈现两种或两种以上不同的性格类型。至于怎么识别孩子的主要性格，我们可以参照下面这个测试。请从 A、B、C、D 四个选项中选出最符合你家孩子情况的选项，然后数一数每个选项的数量，填在表中，数量最多的选项所对应的性格就是你家孩子的主要性格。

1. 孩子对周围环境的感受

A. 喜欢热闹，热情主动，爱交朋友，人越多越兴奋。

B. 喜欢独处，享受安静，不喜欢凑热闹。

C. 对环境的掌控力比较强，能迅速适应环境，并且主导周围的人。

D. 安静随和，不喜欢与人发生冲突，人际关系很好，不喜欢显露自己。

2. 孩子给人的印象

A. 乐观，喜欢开玩笑，善于表达，热情洋溢。

B. 说话严谨，做事考虑周到，不会莽撞做事。

C. 行为迅速，目标明确，不达目的誓不罢休。

D. 做事节奏慢，心态平和，不喜欢有压力。

3. 孩子在表现自我方面

A. 喜欢表现自己，追求别人的赞美与认可，在意别人对自己的评价。

B. 默默地做好自己的事，不喜欢张扬。

C. 有目的地展示自己，对自己充满自信，不轻易认错，不服输。

D. 做事需要较大的推动力或者是因环境所迫，通常不会主动表现自己。

4. 关于承诺

A. 承诺就挂在嘴边，但是说过就忘。

B. 注重承诺，说到做到，反感别人不兑现承诺。

C. 对于承诺有选择地兑现，想兑现的兑现，不想兑现的就不兑现，完全由自己掌控。

D. 除非被迫无奈，否则很少承诺，不愿意承担责任和风险。

5. 孩子在面对任务的时候

A. 拖延症患者，经常拖到最后一刻才完成任务。

B. 计划性极强，每件事都按照计划，一步步认真完成。

C. 一拿到任务，只要认为值得做，第一时间就完成，行动果断迅速。

D. 善于从容面对压力，不急不慢，很少出现焦急、烦躁的情绪。

6. 孩子在做事的时候

A. 喜欢同时做几件事，容易被干扰，偏离主题，很难专注。

B. 专心致志做一件事儿，有始有终。

C. 抗压能力强，一旦开始做事，就会非常专注，讨厌别人打扰。

D. 从众心理较强，喜欢大家一起做，不愿意单独承担任务。

7. 如果受到老师的批评

A. 很容易认错和道歉，但重复错误的概率较高。

B. 情绪会受到很大的影响，内心容易受到伤害。

C. 轻易不会认错，抗争到底。

D. 害怕被批评，马上妥协。

8. 在面对陌生人时

A. 喜欢主动与人搭话，很快就熟络起来。

B. 小心翼翼，不会轻易靠近，警惕性强。

C. 视情况而定，该近的近，该远的远，有自己明确的判断。

D. 能躲就躲，认为跟自己关系不大。

9. 和同学的关系

A. 害怕独处，喜欢主动交际，人缘好，朋友多。

B. 喜欢独处，朋友不多，但对朋友非常地用心和忠诚。

C. 掌控欲强，不愿意听别人的指挥，喜欢自己主导。

D. 为人随和，愿意配合别人，懂得包容，喜欢一团和气。

10. 对于家长和老师的教导

A. 答应得快，但转头就忘，落实较为困难。

B. 只要答应的事一定严格执行，很少出错。

C. 有条件地答应，不会轻易妥协，答应的事很快就会去做。

D. 很少反抗，态度平和，但行动缓慢，见效很慢。

选项对应的性格类型	数　量
A. 孔雀型	
B. 猫头鹰型	
C. 老虎型	
D. 考拉型	

提醒家长们：孩子 3 岁前，我不建议你去测试孩子的性格。一方面，他的性格不稳定，处于性格可塑期；另一方面，因为每个家长都是有自己的性格特质的，你会带着自己性格的滤镜去看你的孩子。

我更建议，等孩子上了幼儿园，你把这个测试发给老师，让老师帮你测。有两个原因：第一，老师见了很多样本，不像你只关注这一个孩子；第二，家庭往往以孩子为中心，不像在幼儿园都是同龄小朋友，在平等的社交环境中更能看到孩子的真实表现。

我曾见过很有趣的现象，爸爸妈妈给同一个孩子测，结果截然相反。爸爸测出孩子是孔雀型，妈妈测出孩子是猫头鹰型。因为妈妈是孔雀型的，话很多，她觉得自己女儿不怎么说话，所以是猫头鹰型的。但爸爸是猫头鹰型的，觉得女儿话太多了，就认为她是孔雀型的。

最后，送给大家一句话，如果你真的清楚孩子的性格类型，用好不同性格孩子的引导方法，就能提高孩子的自驱力。孩子就像一本书，你"读孩子"的水平有多高，孩子的自驱力就被你激发出多高。你的水平，决定了孩子自驱力的水平。

孔雀型孩子的性格特点

孔雀型孩子，追求快乐和自由，积极乐观、热情开朗、乐于助人、善于交际，非常有魅力。他们的优点是：

第一，具有阳光乐观的心态。

即使天空乌云密布，"小孔雀"也能从乌云中找到一些有趣的云朵；即便摔了一跤，他依然会说："谢天谢地，没磕到我的脸。"但他偶尔也会感到沮丧，不过这种情绪来得快，去得也快。

比如，在商场看到很喜欢的玩具，你不给孩子买，一般孩子会大哭大闹，老虎型孩子不达目的誓不罢休，猫头鹰型孩子你虽然把他劝住了，但是他会记在心上，下次再也不相信你了。反而孔雀型孩子最好哄，你说一声"哎，你看那边那么多小朋友在干吗？我们去看看吧"，他马上会被那个新鲜事物吸引，一秒钟化解不好的情绪，绝不记仇，保持一个乐观的状态。

第二，天生是"社交牛人"。

他的字典里没有"陌生""害羞"这些词，任何时候，他都愿意帮助别人，结交朋友。我儿了的性格中有孔雀型，他幼儿园中班时，在电梯里遇到了一个满脸白胡子的老爷爷，就伸出手说："你好，我是豆豆，我们交个朋友吧！就是忘年交那种！"我猫头鹰型的老公百思不得其解，他是怎么做到的，难道就不觉得尴尬吗？没错，"小孔雀"从不觉得尴尬，他就是这么牛！

孔雀型的孩子情绪波动大，和人起冲突，吵得快，好得也快，从不记仇。

我记得在幼儿园的时候，有个小朋友很委屈地到我的办公室，哭着说："园长妈妈，我的好兄弟出卖了我！"说完"哇"的一声就大哭起来。一问才知道，他的好朋友告发他上课说话。小家伙受不了，哭得一把鼻涕一把泪，一边哭一边诉说自己被出卖的痛苦感受。我给他倒水，拿毛巾擦脸，正准备安慰他，本以为要给他判个官司啥的，谁知人家一扭头，就跟朋友玩去了。因为他是孔雀型的孩子，只要把自己的想法说出来了，很快就能治愈，绝不记仇。

但是你会发现，孔雀型的孩子总犯同样的错误，属于那种你一说，他马上改，改完他还继续犯错的孩子。你要明白，这不是孩子的品质问题，是性格使然。我们要对这样的小家伙多点耐心。

孔雀型的孩子天生富有语言感染力和表现力，激情澎湃，善于表达，能够调动气氛，喜欢被人关注，是人群中的明星。你在人群中，第一眼看到的一定是孔雀型的人。每当看图说话、写小作文，他总能滔滔不绝、出口成章。

但是，孔雀型孩子的劣势也很明显：

第一，口无遮拦、缺少分寸，经常祸从口出。

他渴望被人关注，如不加以正确引导，会被人贴上"爱出风头"的标签。用好优势，是天生的演讲者；滥用优势，会显得聒噪，引人反感。他的麻烦大多来自口无遮拦，父母记得提醒他。

第二，随心所欲，丢三落四，拖拉磨蹭。

他追求自由，随心所欲，所以观察他们的书包、房间，往往惨不忍睹，即使你督促他整理，很快又是一片狼藉，要用的东西总是找不到。这会严重影响他未来的学业，父母要学会用"表扬"激发他的内在动力，再辅以简单的工具帮他改善，而不是跟在身后帮他收拾，这会让你身心疲惫。

第三，注意力很容易被新鲜事物吸引。

他是很多家长口中"聪明，但不好好学的孩子"。面对任何新事物，他第一时间冲上去想了解。但只要学会了，就很难再坐得住。他总是想看看有没有别的新东西，还会经常问别人："你会不会？我教教你。"不用别人求助，自己往上生扑。

这种孩子，他是否选择并坚持一件事，是父母要关注的。而且，报兴趣班，他试 10 个班，10 个班都喜欢。但是父母一定要清醒，千万不要一上来就报长期班、买大件，因为你很快会发现，在他眼里，总有下一个比这个好。

第四，鲁莽冲动，情绪化，不守承诺，变化无常。

他可能因为一个小挫折，引发一个大地震。这种不稳定的情绪让人敬而远之，所以一般不敢把重要任务交给他。另外，他们不喜欢做计划，喜欢"走一步算一步"，经常随口承诺别人，再以"计划赶不上变化"为由，为自己开脱。如果继续让他这样不受控，他会失去很多机会。要让"小孔雀"知道，有脾气是本能，管住脾气是本事。

怎么让孩子掌握这个本事，家长要下功夫。给这样的孩子选兴趣培养时，一定牢记：他需要有人关注他、有展示机会，这样才更能激发他的自驱力，他才能坚持到底。因为他爱表现，所以他需要外部反馈。

那么，如何让孔雀型孩子的性格更好地发挥出来呢？

给孩子展示的机会和认同感

给孩子展示的机会，对含蓄的猫头鹰型家长和强势的老虎型家长来说是个挑战。张不开嘴，担心孩子盲目自大，骄傲自满。但赞美和肯定，会让孔雀型孩子感到快乐，是做一切事情的动力。

如果他写作业懈怠，你可以提出他曾经做的一些了不起的事，赞扬他，这会让"小孔雀"满血复活，重新燃起写作业的热情；

如果他不愿意复习或改错，你就故意把题做错，让他发现，让他做小老师给你讲解，你再做出崇拜状；

如果你希望他成绩更优秀，就多表扬他的努力和付出；

如果你希望他生活自理能力更强，就表扬他守时，会整理房间。

记住：即使他没有达到你心中的标准，也要多表扬激励他，切勿贬低打压他，因为他得到的赞美和肯定越多，前进的动力就越大。

有一次我们上常识课，孩子们在认识汽车、轮船的时候，突然聊到了军舰、导弹、枪，当时有小朋友问，什么枪最厉害？我不知道，我就说："来，请班上懂兵器的小朋友来帮帮景老师，我现在需要你。"我们的"小孔雀"终于绷不住了："老师我懂！"天哪，从冷兵器到AK47、到隐形战斗机，他讲了一节课……

我第一次发现，平时在他妈妈眼里上课坐不住、做事丢三落四、总挑战家长权威的孩子，居然懂这么多。他还问我："小景老师，你比较喜欢哪一个？"我想了半天，说："现在我不告诉你，明早再告诉你我最喜欢哪一个。"下班以后，那时候家里还没有电脑，我就跑网吧去查，我一定要把我的学生PK下去，查完以后我晚上给他妈妈打了个电话。

我说："你知道吗，我教书三年，你儿子是第一个把我挑战到哑口无言的学生。你教好他，他以后一定是我的骄傲。你跟他说，景老师的课上，有问题可以大胆举手说，因为他值得小景老师学习！小景老师为了他今晚上……这你不要告诉他了，老师还是要面子的。"

你们知道吗，后来我找到素材，想跟孩子PK一把，结果他把他的军事杂志抱来了。

你发现了他的优势，他可以一下大放光芒。当他把他的书分给小朋友时，大家很崇拜地看着他，他就觉得：小朋友们都喜欢我，小景老师还去我妈那里表扬我，我懂得比老师都多。

家长们，用对了引导方式，"小孔雀"是不是爆发了？家有"小孔雀"的家长不妨试试这个方法。

给予引导，把大目标化成小目标

第一，情绪引导。

这类孩子容易被激怒，但注意力转移得也很快。所以当他情绪爆发时，父母可以快速转移他的注意力，帮他走出负面情绪。

比如，"小孔雀"在拼图，总拼不好，一着急把拼图全部打乱了，发誓再也不碰这个东西了。父母如果批评他，就会引发一场混战。你不妨给他一杯果汁，他喝的时候，你开始拼拼图，顺便表扬一下他今天的作业，字写得有进步，你真为他高兴。他很快就会忘记刚才的郁闷，眉飞色舞。这时，你自言自语一句："这块应该怎么拼呢？"这时候，小孔雀会主动凑上来，接过你手里的拼图，继续专心拼起来。这样能帮助孩子调整情绪，坚持到底，避免半途而废。

第二，学会用调侃的语气。

孔雀型孩子需要一个有趣的玩伴，而不是高高在上的父母，你想跟他沟通顺畅，就要做他的玩伴。他提要求的时候，非常在意你的态度。所以，请注意你的口吻，不要直接拒绝，用调侃的方式更有效。

比如，学习进步了，问他想要什么礼物，他说要吃一顿大大的"大餐"。爸爸认真思考一下，说没问题，周末便带他去了一家名字带"大"的餐厅，点了一盘"大"盘鸡。他很开心，感受到了爸爸浓浓的爱，并不在乎他去的是不是高档餐厅，点的是不是最高档的菜。因为"小孔雀"更在乎的是开心的情绪。

第三，鼓励孩子学会坚持。

孔雀型孩子兴趣容易转移，做事三分钟热度。

有个孩子学习绘画，到了瓶颈期，快坚持不住了，妈妈就把他的画发在了朋友圈，引来很多人点赞。有一天，有人甚至想收藏他的画，问他十块钱卖不卖，孩子一听很开心："好啊，卖！"

"卖"过第一次以后，他的每一幅画妈妈晒完朋友圈后都有人买走。有了正向反馈之后，不仅孩子走出了瓶颈期，继续坚持自己的绘画，父母也不用给他零花钱了，他已经可以通过自己的作品来赚取零花钱了。后来他考上美术学院，搬家的时候，才发现妈妈一直珍藏着他的画，原来一直买他画的人是他的妈妈。

这个故事蕴藏着孔雀型孩子的教育密码：目标不要定得太远、太大，这样他会中途放弃；学会把大目标化成小目标，让他享受达成的快乐，他就能学会持之以恒。

关注特点，把"爱说"变成"会说""说得好"

孔雀型的孩子爱说，而且非常热情。你会发现，无论是小朋友们一起做游戏，还是课堂上发言，他都是最想表达的，这是他的优势。

但是，有的时候他会不分场合，不分人群，经常因为自己的情绪"出口伤人"而不自知。

比如，"小孔雀"和妈妈闹别扭，就会脱口而出："哼，坏妈妈，我再也不爱你了，再也不跟你好了。"愤怒地说完，扭头就走了，一点情面都不留。

当你觉得他说话太伤你的心的时候，他已经转移了注意力，玩去了。过了一会儿他又蹦蹦跳跳地跑来说："妈妈，我饿了，什么时候开饭啊？"你还在先前的情绪里没有出来，而他已经忘了对你造成的伤害了。

所以一定要让他知道，语言是沟通的工具，但是要用好这个工具并不容易。不能拿语言去伤害周围的人，无论是家人还是朋友。话没说出口，你是它的主人，一旦不加思考脱口而出，它就成了你的主人。不是所有人都能像妈妈一样包容他，他的话会伤害爱他和他爱的人。

不要担心孩子听不懂，你只要直接告诉他他的话带给你的真实感受，把他的说话方式用在他身上："哼，你不爱我了，不和我好了，我也很生气，没心情做饭，不吃了。"这时候，他就能感受到了。然后你们再来复盘一下问题在哪里，就是这么简单。

综上所述，如果你家的孩子是孔雀型的，一定要耐心引导，你要做的是让他这种"爱说"变成"会说""说得好"，让表达成为孩子真正的优势。

老虎型孩子的性格特点

老虎型孩子以目标和结果为导向，他们敢说敢做，坚定而自信，他们会给自己制定一个又一个目标，然后努力去实现，并且乐在其中，感觉不到丝毫压力。

"小老虎"的优势非常明显，表现在以下几个方面：

第一，以目标为导向，求胜欲强。

老虎型孩子有强烈的目标感，在前进的路上，如果有人敢质疑他们的能力，他们就会在心里埋下一颗求胜的种子，直到目标达成，再狠狠地打脸当时怀疑他的人。

老虎型的孩子目标感极强，想做什么，一定要把它做成，一切服务于最后的目标。在这个过程中，他奔跑得太快，他溅起的泥点子，经常会弄到别人身上，他自己却不知道。这源于他的共情能力差。

在实现目标的过程中，他的行动力特别强，你不用催他，不用担心他学业不上进，他要证明自己可以，他会努力，他有很强的自驱力。

问题是，这样的孩子说话做事直来直去，高效的同时，人际关系却不尽如人意。很多成功的企业家是老虎型的，但他们周围很少有贴心的爱人、朋友，能陪他走到底。高处不胜寒，说的就是他。

有一位妈妈在学员粉丝群里抱怨："景老师，我觉得没有办法过了，为什么养孩子这么难？你说东他往西，你说南他往北，你让他爬墙他去跳水……我真的做到了像专家说的，温和且坚定，我很温和地跟他谈，坚定地坚守我的原则。到最后，每次我都是累得筋疲力尽。我争不过他，我只能批评他、只能跟他吵，而他能做的是摔东西、打滚、哭闹，叫爷爷、叫外婆，一群人来批评我。最后我妥协了，我放弃了……可是景老师，这样下去，孩子以后会不会变坏了？"

我说："家长，你和他争什么？争的内容都不是跟价值观有关系的。争的都是要先喝汤还是先吃饭，小朋友应该自己背书包还是让妈妈背书包这类问题。你告诉我，这些是大是大非、影响人生的问题吗？既然不是，那你为什么不能按照孩子的想法去试一试？"

老虎型家长遇到老虎型宝贝，注定每天都要吵吵闹闹。但老虎型家长如果能够管理好自己的情绪，遇到不同意见不争对错，而让孩子自己去试错，那么他很快就能找到正确的答案，还能避免争吵，不好吗？

第二，斗天斗地，其乐无穷。

老虎型孩子渴望不断地斗争，在不断的斗争中找到自己人生的价值。

他们坚定自信，对抗性强，对目标非常执着，不相信眼泪。前进的过程中遇到困难，"小孔雀"会选择转移注意力，"小考拉"会停滞不前，"小猫头鹰"会默默跟自己较劲，而"小老虎"却认为这些困难是对他们的考验，不但不畏缩，反而会更加努力往前冲。

老虎型孩子不相信眼泪，他们的理念是与其改变方向和计划，不如努力克服困难。

举个例子：以前在幼儿园里我给小朋友排练艺术体操，参加省里的运动会，在筛选的过程中，佳佳表现力和柔韧性都很好，但是因为她小时候天天被家长抱着，错过了爬行的阶段，所以平衡不太好，我就建议她做替补队员。

她每天跟我们一起训练，做替补。作为"小老虎"的她，真的让我很惊讶，妈妈带她进行感统训练，她一直积极配合，在大家休息的时候，小姑娘自己对着镜子，一遍、两遍、三遍，不断地练习动作，膝盖上包了护膝，还是会青一块紫一块，有的时候眼睛里蓄着泪水，自己还是不断地练习……5岁的孩子，自己加练，多少大人都做不到。当然最后，她不仅转正，还站在了领奖台上。

面对目标能爆发出巨大能量，就是老虎型孩子的特质。只要认定了，咬着牙、流着泪也要完成。这和那些被父母拿着小棍子敲着，哭得稀里哗啦练琴的孩子相比，有本质上的区别。

当然，"小老虎"的性格劣势，也是非常明显的，爸爸妈妈们要注意了：

第一，自以为是，死不认错。

老虎型的孩子喜欢批判别人，以为自己无所不知，并且永远是对的，他们从来不会主动承认自己的错误，他们的人生信条只有两条：第一，我永远是对的；第二，如果我错了，请参考第一条。

家有"小老虎"，父母最头痛的事情就是：孩子不听劝。"不到黄河心不死"说的就是他们。遇事非要跟你争个对错，所以通常一不小心，亲子关系就会很紧张，让父母很焦虑。

他们还喜欢命令和指使别人，喜欢批判别人。当有人冒犯他们时，他们会毫不留情地坚决反击，这点在小时候就非常明显。一两岁的孩子们一起玩玩具，"小孔雀"喜欢热闹开心地一起玩儿；"小考拉"也喜欢跟大家一起分享玩具；"小猫头鹰"喜欢自己玩，因为他的想法更精密，与众不同；"小老虎"则觉得，我是最能干的，我要玩最好的。如果对方不满足，小到一场争吵，大到动手抢夺，这让周围的同伴有种"伴君如伴虎"的感觉。如果老虎型孩子不控制自己争强好胜的个性，那么很容易养成"好斗"行为，对未来的社交是非常不利的。

第二，具有强烈的控制欲，脾气暴躁，有仇必报。

老虎型的孩子不但希望能够掌控自己的命运，也希望别人能够听从自己的安排，以自我为中心，脾气暴躁，很少为别人考虑，所以他们的人际关系通常不好。

比如，班级要参加学校的足球比赛，"小老虎"通常都是队长，他会给每个队员分配位置，谁打前锋，谁来守门，谁做替补……为了达成目标，他有自己的计划，而且大家必须服从。这时候他的好朋友"小孔雀"说："我不想做守门员，我想去踢前锋。""小老虎"就会直接告诉他："你就是做守门员的料，你虽然熟悉球性，但是你的速度太慢了，不行。"

他一点不讲究说话方式，一下子就激怒了"小孔雀"。不要以为"小孔雀"一哭，"小老虎"就怕了，紧接着他就会说："为了我们班级能赢，你就得服从分配，你再不听，我就把你换掉，哭是哭不出来成绩的。"……然后就大公无私地把自己的好朋友换成了板凳队员……

如果比赛赢了，他会说："你看，我就说我是对的。"如果输了，他会说："都怪你不服从分配，要是你做守门员，那几个球根本就可以拦住的。"眼中只有输赢的"小老虎"，就这样丢掉了自己的朋友。

我们要理解"小老虎"这种侵略性的性格，这主要是由于他内心深处无法控制的求胜欲望所导致的。

面对老虎型的孩子，父母需要做到：

保护好安全的前提下，让他去试错

父母要做到"不争对错"，这个"不争对错"，分为两个方面。一方面，父母不要在孩子面前争对错，否则他会学父母，产生更强的求胜欲。另一方面，父母不要和孩子争对错。

如果家长对孩子说："为什么你不听话？我让你做这个你不做，我让你做那个你不做！"每次都要跟孩子争一个对错，那么在争论的过程中，孩子也会觉得父母不爱他。

"小老虎"不听话其实不是因为叛逆，而是因为他太有想法了，他希望所有人认可他。可家长不理解他，总想让他听自己的，结果把大量精力用在跟孩子争对错上，消耗了孩子对很多事情的热情，消耗了父母对孩子的欣赏，消耗了亲子关系。

所以遇到这样的孩子，家长要做到不争对错，在保护好他安全的前提下，让他去试错。孩子往往会这么想：在很多人面前，大人非要让我做这个事儿，我面子上过不去，我打死都不做。但是如果给我个小台阶，哎，过一会儿我一试，这方法好用，马上就改。你回想一下，你家的"小老虎"是不是这样？

提醒家长们，对于老虎型孩子，你不要替他选择什么兴趣班，而要让他自己选。

他们喜欢团队合作、对抗性强，并且即刻可以产生结果的兴趣班。因为他想赢，所以他愿意坚持下去，直到取得胜利。这种自驱力可千万不要浪费了。

授权给孩子，让他自己做选择

老虎型孩子独立好强，不达目的誓不罢休，甚至会不择手段。对这样的孩子父母最好不要去强压，而要根据孩子的特点进行引导。

如果"小老虎"想买件名牌球衣，妈妈可以告诉他："我能给你普通球衣的钱，如果真的需要买名牌，你可以用自己的钱去补差价，比如零花钱或者压岁钱。如果还不够，你想想，还有什么方式可以赚钱？"

很快你就会发现，不管是省下零花钱，卖掉家中的废旧报纸和废品，还是主动商量帮妈妈做家务换取报酬，他一定不达目的不罢休，直至他买到自己渴望已久的那件球衣。

这样既能帮助孩子养成好习惯，也不会伤害孩子的感情，而且将主动权交还给了孩子。相反，如果直接告诉他不可以，那接下来的一天甚至一周，他都会一直跟你较劲。

这类孩子普遍比较有主见，令很多父母头疼不已。但是换个角度想想，难道听话的就一定是好孩子吗？老虎型孩子，从小有自己的判断和见解，这是他们的优势。

让孩子多些 "人情味"

这种孩子求胜心太强，容易为了结果完全忽略所有人的感受，通常活得很累。生命在于过程，是要去体验的。老虎型孩子一味追求结果，往往会忽略很多人生的美好。

针对这个问题，父母可以有意识地锻炼孩子的感受力，让孩子多些人情味。比如，在孩子的书包里放一些好吃的糖果，让他将糖果分给班上的小朋友。孩子开心地接受了妈妈的任务，慢慢地班上的同学主动跟他说话了，他也和同学们打招呼了，这样他的朋友会越来越多。引导他去尝试，尝试效果好，他会自行改变的。

此外，老虎型孩子容易情绪暴躁，父母可以帮助他们学会调整情绪。比如，给他养一个小宠物，让他学一学照顾别人，提高共情能力。或者，让生活多些仪式感，节日准备小卡片，吃饭时给每人送一句祝福，等等。

对这样的孩子，请你多带他参加一些团队比赛项目，他一定会展示出足够的领导力，展示出足够的坚持和毅力，让你喜出望外。

猫头鹰型孩子的性格特点

猫头鹰型孩子追求完美，做事严谨有序，从小喜欢独立思考、分析，喜欢不停地追问，心智比较早熟，做事懂得坚持，规则感十足，自驱力很强，对朋友一诺千金，肝胆相照。他们通常在学业和生活上让家长比较省心，家长应该多关注他的内心感受。

这类孩子的优势其实很明显，主要表现在以下几个方面：

第一，独立思考，成熟稳重，体贴入微。

他们喜欢独立思考，总喜欢问为什么，很有主见，注重细节。他们虽不会像"孔雀"一样用语言表达的方式去关心别人，但总会很体贴地替你做一些事。他们看上去有些高冷，往往特立独行，有种众人皆醉我独醒的感觉。

举个例子，我带过一个小男孩图图，就是很典型的猫头鹰型孩子。

当我在幼儿园做老师的时候，每天会有很多小朋友跑到我身边，搂搂我、抱抱我，说喜欢我什么的。我们班图图却从不凑热闹，而是独自在一边看自己喜欢的书。每当我整理物品，打扫卫生，他总会默默地拿上抹布，陪在我身边，帮我一起做。

没人的时候，他偶尔还会偷偷塞给我一颗糖果，说："老师，你吃吧。"他不会像"小孔雀"一样问："你喜欢吗？""好吃吗？"他的感情细腻而内敛，淡淡的，用许多的小细节来温暖你。

第二，一诺千金，忠于友谊。

猫头鹰型的孩子注重承诺，哪怕是口头承诺，也会严格遵守，有很强的秩序感。这点和前面说，后面忘，经常爽约的孔雀型孩子完全相反。

他们拿这个标准要求自己的同时，也会要求别人。所以，不要在他们面前信口开河，否则你会丢掉大量的信任资本。有家长给孩子画饼：你这次进步10分，妈妈（爸爸）就重重地奖励你。达成一致后，孩子进步了，妈妈（爸爸）却以工作忙为理由，说下一次奖励，或者换成别的。孔雀型孩子虽然当时很生气，但是你用新的玩具或者零食就能转移他的注意力。但是换了猫头鹰型孩子，就不是这样了。你打破了他的秩序感，他会记在心里，不断念叨你说话不算数。之后他会默默看你反应，如果你没什么反应，他就会把你拉进黑名单。下次你再承诺他什么事，他会告诉你：算了吧，上次你都没有做到。

这类孩子往往很内向，不善于交朋友，但一旦交了朋友，就是一辈子，因为朋友间最重要的基础就是互相信任和诚实。

如果猫头鹰型孩子优势过当，也会变成他们的劣势。

第一，敏感多疑，消极悲观，过于死板，不灵活。

猫头鹰型孩子容易产生消极思维，为了把计划做周全，往往什么事他们都往坏处想，一旦失败，就会自责。他们敏感多疑，非常在乎别人对自己的评价。加上行动迟缓，给人一种心事重重的感觉。有时他们还会钻牛角尖、认死理，会不自觉地把对自己的要求强加到同伴身上，会让人觉得他们喜欢抱怨，甚至喋喋不休地"碎碎念"。

比如，出去春游，"小猫头鹰"的背包一定是最大的，哪怕春游只有一天，他也会把所有可能出现的情况都考虑到，恨不得把家带上。春游队伍里看到这样的孩子，家里不是有个猫头鹰型宝宝，就是有个猫头鹰型妈妈。

如果他的朋友是只没心没肺的"小孔雀"，或者强势的"小老虎"，什么都没带，一路分享他的东西，他就会念叨："你怎么什么都不准备！"他不是不愿意分享，只是觉得好朋友应该跟自己一样。但由于不善言辞，就会变成别人眼里唠叨、不愿意分享的小气鬼。不改掉这点，他的人际关系将一团糟。

第二，心机深重，很难相处，要求苛刻。

虽然他们渴望被人理解，但不会向人直接吐露心声，而是会用暗示的方式去表达。

如果和父母一起逛街，看到心仪的娃娃，"小孔雀"会直接说自己想要；"小老虎"不仅要，而且马上要，还会和你死缠烂打;"小猫头鹰"会一直盯着那个娃娃说:"××也有一个。""××还会给娃娃扎头发、换衣服呢!"

不仔细听,你以为她看到娃娃,想起了××,在和你讲她好朋友的故事。事实上,她在等你说给她买一个。如果父母没有经验,那孩子大概率等不到那句话。没有买,"小猫头鹰"不哭也不闹,只是会有很长时间闷闷不乐,时不时地还会提起那个娃娃。

但不管是父母还是同伴,如果没人理解他,他会失落。就像《红楼梦》里的林黛玉,她一直让贾宝玉猜她的心事,让人觉得心累。还好"小孔雀"是话痨,愿意不断地去共情和肯定。最危险的是猫头鹰型父母遇上猫头鹰型孩子,这种互猜的做法,可能直接导致亲子关系破裂。

他会让别人以为他心机深重、不好相处。他会因为别人没有达到他的要求而失望、愤怒,但他连自己的错误都无法原谅,又怎会原谅别人呢?

那么,对这类猫头鹰型的孩子,我的建议是:

允许他沉浸在自己的世界里

猫头鹰型的孩子很容易成为匠人,因为他对自己的要求很高,精益求精,有很强的自驱力。

我曾经教过一个令我记忆深刻的猫头鹰型小朋友。他做操总是慢半拍，踏步永远踩不上点。家长总是担心孩子反应这么慢，上小学跟不上怎么办。

但是他的优势在绘画上。记得有一次，我让大家画出自己心中最漂亮的一件衣服。一般小朋友要不画条裤子，要不画件T恤，或者画条裙子。其他人都交了画，他最后才交给我。他画的是一件衣服挂在一个衣架上，衣架挂在衣杆上，衣杆装在阳台外面……这是一个具有猫头鹰性格，而且空间感极强的孩子才能观察到的细节。

据说他小学就开始靠写作赚稿费，长大后处理大数据也很优秀。本来孩子的空间感就好，看事情的角度又和别人不一样，而且愿意钻研，就连大学专业也是自己选的。这个孩子有目标，有想法，懂坚持，我一直坚信他的人生一定不会差。

如果家长紧盯着孩子的缺点，你的负面评价会在他内心回荡很久，像一朵乌云挥之不去。家长要允许孩子有弱项，要看到并肯定他的强项。

比如踏步总是顺拐这件事，我告诉他："不用担心，很多人到大学还顺拐呢，咱们慢慢来，我知道你会越来越好的。但是，来，看看你的画，是不是比景老师画的还好？我太佩服你了！我知道你以后一定会是我的骄傲。"他会发现自己真的挺棒的，他微微一笑，我就知道他听进去了。

这个孩子为什么在画画、写作和计算机方面都这么出众？我觉得核心在于这些都是需要静下心来做的事情。只有沉浸在自己的兴趣、自己的世界里，他才能观察到这么细节的东西。

当他用这么细腻的思维去做事，又能够沉浸下去钻研，他不成功，谁成功？

告诉孩子"先完成再完美"

曾有一个学员家长在抖音平台向我求助："景老师，我家孩子不合群，在班上没什么朋友，他只跟一个人玩，是不是自闭症啊？"

我说："你测试孩子是不是猫头鹰性格？"

"是的景老师，你猜得真准。"

我问他焦虑什么，他说："我孩子对科技、天文、宇宙类很感兴趣。但在班上，他只跟那一个男孩玩。"

我又问："是不是那一个男孩也是知识面很广？"

家长说："对的。所以，只有他俩能聊到一起。"

家长们，不是我猜对了，这是猫头鹰型孩子的特点。他俩喜欢在一起玩，是因为他俩彼此欣赏，有共同的爱好，处在同一频道上。其他小朋友玩的东西，他觉得幼稚，所以不想跟他们玩。

而且，养育一个猫头鹰型孩子，家长你就偷偷乐吧，你挖到了一颗学霸的种子，他做事很专注、很认真，对自己要求也很高。只是家长一定要学会科学引导。

对于这样的孩子，父母一定不要总是跟他强调结果，总要求孩子当第一。正所谓"一山更比一山高"，如果他是你们村里、区里、小学里的第一名，到了市里的中学或者重点中学，他已经不再是第一名了，一群擅长考试的孩子在这里你追我赶，他不太擅长社交，又要求自己一定要做到最好，那这个青春期该有多难熬，我们可想而知。

要提醒家长们，经过这些年的一线教学，我发现成年后比较幸福的孩子，并不是班里的前几名，因为第一名担心掉下来，第二名想挤掉第一名，第三名想追上前两名……真的很辛苦。反倒是十到十几名的孩子，学业上得了 A 就行，不要最后那 5 分，把这些时间拿出来做一些让自己感到愉悦、能够发展兴趣的事情是不是更好呢？

此外，猫头鹰型孩子安静，有点"宅"，因为要求完美，他会精神内耗，甚至忽略自己的感受。他希望做一件事就做到极致。

其实我们最高效的做事方式应该是：先完成再完美。而他则认为"不完美何必去做？"。

所以，你一定要告诉猫头鹰型孩子，人生没有完美的自己，只有完整的自己。我们是来体验这个世界的，不是一定要自己活到完美，或者别人眼中的完美。这样孩子才不会太累。

作为猫头鹰型孩子的父母，要多带孩子出去社交。因为他交朋友太挑剔了，只有不断破圈，才能碰撞到和他认知或兴趣相投的朋友。多带孩子出去"行万里路"，这个过程可以让他在户外找到喜欢的运动方式。当他心里有情绪，感到压抑时，就可以通过运动去排解，这有助于猫头鹰型孩子的身心健康。

言而有信，更能赢得孩子的尊重

猫头鹰型孩子的父母一定要注意，和孩子的约定，一定要说到做到。否则，他会一直记得你说的话，喋喋不休。次数多了，你在他眼里就是个言而无信的人，别说教育了，就连正常沟通，他都懒得回应。到了青春期，爱钻牛角尖的他会变本加厉。所以承诺前，一定要确定你"能做到"，否则不要轻易许诺孩子。

当然，如果你利用好这个优势，跟孩子提前做好约定，什么时候写作业，什么时候看电视，什么时候阅读，什么时候运动，每月零花钱是多少，他们会凭借超强自驱力，很好地遵守这些约定，是所有妈妈羡慕的自律的好孩子。

而且，对于这种孩子，不要天天随意地表扬，他们需要你的肯定，但是，一定是"走心"的肯定和赞美。

最后，想提醒猫头鹰型孩子的父母：多跟孩子聊一聊他的想法、看法，他们特别需要跟父母交流。

他的内心世界很丰富，不像你以为的话很少，情商低。让他打开内心世界，不再过度内耗。否则，这种孩子容易越钻研，跟你话越少。到了青春期，你们恐怕就完全没有共同话题了，切记。

考拉型孩子的性格特点

"小考拉"乖巧，不争不抢，喜欢倾听别人的意见。他们往往友善随和，非常有耐心，基本没有棱角和锋芒，很容易相处，是很好的倾听者。这样的孩子，往往有很多朋友。他们的优势，主要有以下几点。

第一，中庸之道，稳定低调，不喜欢跟人争抢。

考拉型孩子喜欢和谐，当与人发生矛盾时，他们通常点到为止，不想引起争端。不像老虎型孩子那样报复心强。通常他们都是得饶人处且饶人，对所有人都温柔以待。

他们能接纳很多人，能很好地与人相处，因此"小考拉"的妈妈从不会为孩子"叛逆""对抗"所困扰。

考拉型孩子所求不多，对他人无私奉献。就拿做班干部这件事来说：

"小孔雀"想做班干部是因为需要表现的舞台，喜欢大家的关注。

"小老虎"想做班干部是为了证明自己的能力，享受大家的追随和掌控感。

"小猫头鹰"一般不会主动要求做班干部，但因为成绩好，做个学习委员、课代表什么的不成问题，而且一定做得井井有条。他们不仅要求过程完美，还会像要求自己一样去要求同学。

"小考拉"做班干部多数是为大家服务，这个过程，让他们有被需要的感觉，有存在感。这让他们充满魅力，也收获了很多真诚的友谊。

第二，安静乖巧，不惹是生非。

考拉型孩子不愿在别人面前表现自己，遇到困难，不愿向别人求助，更愿意安安静静地待在属于自己的舒适区。他们很少出现孔雀型那种巨大的情绪波动，是大家眼中乖巧、不惹事的孩子。

第三，先人后己，懂得分享，富有同理心。

考拉型孩子与人为善，天生具有同理心，处处为别人考虑，是标准的"暖男"和"贴心小棉袄"。

举个例子：孩子们都在玩玩具，考拉型孩子把模型组装得很好，这时候"小孔雀"和"小老虎"也发现了，都想玩，各不相让，眼看要打起来了，"小考拉"一般会把模型让出来给他们，嘴里还会说："你们一起玩吧，这样不就好了吗？"然后自己再去玩别的玩具，不吵也不闹。

为了不破坏人际关系，不伤害别人，换得一团和气，维护和谐的气氛，"小考拉"有时宁愿选择自己吃亏。这在孔雀型和老虎型妈妈（爸爸）眼中是无论如何都接受不了的"软弱"。但如果妈妈（爸爸）也是考拉型，就会觉得孩子真懂事，往往忽视这在未来的学校和社会生活中给孩子带来的社交隐患。

考拉型孩子的性格劣势，也需要家长们有所了解：

第一，胆小怕事，不敢说，不愿意改变。

考拉型孩子不喜欢竞争，也不懂跟人竞争，选干部、上课举手发言，不是老师点名，一般他试都不想试，因为维持现在的稳定，不喜欢变化，是他的天性。而且，他们受了欺负也不会保护自己，更不敢对别人说，往往很被动。

我工作这么多年，发现考拉型孩子很多时候在和同伴交往的过程中，通常不计较得失，也不把利益放在眼里，他们觉得，朋友应该互相帮助。甚至被霸凌了，经常都是旁边的"小老虎""小孔雀"看不下去了，替他出面讨公道，报告老师。

他们给人一种好欺负、好说话的印象。如果不加以引导，就会给自己未来的人生带来很多困扰。比如说，朋友缺钱去找"考拉"，他一定会借给朋友，如果自己没有，出去借钱都要帮朋友。等他自己有需要时，连要账的勇气都没有，还得自己想办法。他们的人生会很辛苦。

第二，不主动，安于现状。

考拉型的孩子不喜欢主动出击，因而失去了很多机会。

考拉型孩子喜欢熟悉安定的环境，有依赖性，不愿去改变，给人一种佛系的感觉。比如，家长想孩子进入好一点的中学，分到好一点的班，所以给孩子补习。其他三种类型的孩子，都有内在动机，所以会积极主动。而"小考拉"会觉得：我对口的学校挺好，离家挺近的，不管在哪里学，课本都一样。即使为了配合父母，他们答应去做了，也不会像"小老虎"和"小猫头鹰"那样废寝忘食，依旧看上去不慌不忙，慢条斯理，对什么事都没有兴趣。他们会原谅自己的不思进取，所以父母要防止他们患上"精神麻痹症"，那样孩子就更难有作为了。

第三，没有主见，不自信。

养考拉型的孩子，父母特省心，因为他从不主动跟小朋友起冲突，没人来告状。他听话，不和父母顶嘴，一直愿意听取大人的意见，不惹大人生气。

但这样的话，孩子就容易没主见，他要照顾身边每个人的情绪，很多时候，会错过很好的人生机会。

比如，小提琴表演，只有两个人能上台，你想让他去争取，他却觉得无所谓。你觉得自己花了这么多钱，接送他这么辛苦，他总得展示一下吧？可他说："我为什么非要表演？拉小提琴不是为了自己高兴吗？"

所以，很多父母会很头疼：我的付出为什么没结果？他是坚持了，但为什么没有像"小孔雀"那样去展示，没有像"小老虎"那样去争取第一，没有像"小猫头鹰"那样做到极致？怎么什么都不上心呢？这时，这些父母就会哀其不幸，怒其不争，开始焦虑。

对于这种孩子，父母可以这样做：

鼓励孩子多做决定

父母要引导考拉型孩子自己做决定，不能处处替孩子拿主意。

我在工作中就遇到了一个考拉型的女孩子，但是不幸的是她是反面教材。我们儿童中心招聘老师，有位妈妈带着孩子来参加面试。往这儿一坐，孩子不说话，妈妈先说："我家闺女什么都好，从小听话、学业好、守本分……"

我请这位女孩子先出去，对她妈妈说："这位家长，我这里不是评三好学生，而是在招聘老师。这样的孩子来找个工作都要你来替她说话，我怎么放心把孩子们交到她的手上？她自己还是一个不能独立的孩子吧？即使我给了她这份工作，在团队里，与同事的分工合作、和家长的沟通、未来的晋升，都需要你来帮她吗？她会丧失掉很多机会……"

所以，很遗憾，这个妈妈眼里"听话的好孩子"没有通过面试。

如果不希望这种事情发生在自己家"小考拉"身上，那我们从现在开始，遇到事情就要让孩子去做决定，把决策权还给他。

比如，星期六早上，你问：

"宝贝，早上我们去上兴趣班，下午我们去哪里看书？"

"晚上我们去哪里？"

"周末你有什么计划吗？"

让孩子学会说出自己的想法。虽然我们不能陪伴他一辈子，但是我们可以在他离开我们，独立走向社会的时候，清楚地知道：他会为自己负责，做出正确的决定。

用激励让他意识到"我可以"

考拉型孩子随遇而安，很容易产生满足感，就成了很多人眼里的"没有上进心"的孩子。其实这是因为他们对自己没有足够的信心，遇到困难容易妥协。

所以，父母要多鼓励孩子，遇到困难要帮孩子及时分解目标，把大目标拆成小目标，让孩子由易到难、循序渐进，感受到自己的实力和决策能力。

比如，"小考拉"喜欢看书，知道很多有趣的故事。那父母可以把家人请到客厅，让孩子给大家表演一段，并录下来发在朋友圈，私信朋友们为孩子点赞，让他相信自己可以。

父母还可以打电话联系老师，希望班上有活动时，让他给大家展示一下。这段表演他已经很娴熟了，这样，大家会对一直默默无闻的"小考拉"刮目相看。同学和老师的掌声，是对他最大的激励，让他意识到原来自己可以。

当有一天，他代表班级站到学校的舞台上，他会发现不仅自己真的可以表现好，还很受大家欢迎，他心中的小火苗就点燃了。

父母要避免追求一步到位，因为这样有可能摧毁他好不容易树立的一点信心。考拉型孩子容易低估自己的能力，将困难放大，所以，提升自信、分解目标、及时鼓励是"小考拉"成长过程中的重要三部曲。

如果孩子在幼儿园遇到问题，比如和小朋友发生了矛盾，或者被欺负了，由于性格原因他们可能不会说出来。如果你发现了，也不要表现得过于急躁：找对方家长，或者当着孩子的面找老师要说法。这时你要做个倾听者，问孩子是否需要帮助，或者避开孩子单独找老师了解情况。否则，下次孩子再有事情就不告诉你了。因为很多时候，孩子遇到事情，恐慌的不是事情本身，而是父母夸张、极端的表现，这会给孩子极大的压力。

告诉孩子不用讨好任何人

考拉型的孩子，不愿意得罪人，又想帮助别人，想得到大家的认同，他活在别人对自己的期待中。作为家长，最担心孩子未来成为"讨好型"的人格，会为了"大家好"而委屈自己。

所以我们一定要让孩子明白：我们做不到让每个人都喜欢自己，你不用讨好任何人。你要做的事情是，大胆说出自己的想法，做自己的决定。只有你自己好了，开心了，你才能帮助更多的人。

我以前团队里有个客服小姑娘，就是个考拉型的女孩子。她随和、乐于助人，希望周围人都对她满意，所以有些同事就经常"麻烦"她，甚至是欺负她：

"小刘，帮我把这个打印一下。"

"小刘，明早要开会，你记得到时候提醒我拿资料。"

"小刘，帮我出去买杯咖啡。"

…………

所有人都可以把自己的工作交给她。看着她每天忙得团团转，可是本职工作却一直无法胜任，我跟她说："要不然你换一份工作吧，客服虽然稳定，但是你替所有人考虑，唯独没考虑自己。这样不懂拒绝、不敢拒绝的话，这份工作做不长久，最后情绪会把你压垮的。"

后来，她去做幼儿园老师了。她本来学的就是幼教专业，有耐心又随和，到了幼儿园，孩子的大小事情她都尽心尽力地对待，很快就赢得了孩子们的喜爱。同理心用对了地方，她很快得到了家长的肯定，成了幼儿园里的优秀教师。

对父母来讲，遇到考拉型的孩子，很重要的一门功课就是：让孩子把自己的同理心用对地方，不要无原则地为难自己成全别人。这样人生才过得不压抑，才能收获最好的自己，而不是别人眼中的自己。

　　最后，我想跟各位家长说，每个人的性格都是天生的，特质都是不一样的，你要做的，就是让孩子的性格优势得到发挥，让孩子的性格雷区减少对他人生的影响，这就是性格测试和解读最大的价值。读懂孩子，给他适合的温度、阳光和水分，他就会长成最好的自己。

03

兴趣是点燃
自驱力的火种

兴趣给孩子带来美好的感受

都说兴趣是最好的老师，对于幼儿段的孩子更是如此。

自驱力是学习的关键，而兴趣则是点燃孩子自驱力的火种。有了兴趣，孩子就不用催，他会主动做。

家长如果不重视孩子的兴趣，可能会给孩子带来以下影响：

第一，固化孩子的思维和兴趣。

每个家长都希望能培养孩子的兴趣，让孩子有一技之长，但却不愿意去耐心观察，发掘孩子真正的兴趣，而是按照自己的理解给孩子规划兴趣。以孩子们上的兴趣班为例，很多都是家长感兴趣的班，而不是孩子感兴趣的班。

这个时代，唯一不变的就是它一直在变。听说高考时艺术特长生文化课分数低，很多家长就让孩子去学钢琴、小提琴、舞蹈、绘画……后来发现这条路行不通，又了解到国家开始实施"强基计划"，听说"参加奥赛可以保送"，"可以当科技特长生"……于是，连乐高、机器人和编程的概念都没搞明白，就开始陪着孩子躬身入局……把孩子的兴趣功利化了。但是家长有没有综合考虑人口、经济、科技等变量呢？三年后什么情况？五年后呢？十年后就更不用说了。

所以不要用别人的大脑来替代你的思考。这样做不仅固化了自己，也磨灭了孩子的潜力。

第二，忽视生活中最重要的资源。

家长们，不要以为送到兴趣班里才能培养兴趣，最好的资源就在你的生活里。

如果我现在在河南老家，但凡身边有个吹唢呐的老艺人，我一定把儿子送过去感受和熏陶一下。有人会说，唢呐多老土啊，不够洋气。但是家长们想想：孩子们都在学钢琴、小提琴，很多学校的走廊里都摆放着给孩子们准备的钢琴。而唢呐不一样。不是有句话说"唢呐一出，全场为王"吗？在一群演奏西洋乐器的孩子里，一个会中国传统乐器的孩子更有自己的特色。哪怕孩子远渡重洋，到国外留学，孩子也可以在社团里推广中国文化，教国外的孩子学习中国的唢呐。关键是，如果这种资源在身边，你就不用舍近求远，花冤枉钱了。

家长要清醒地明白：不是只有"高""精""尖"的兴趣班，才能培养孩子的兴趣，生活里一样可以做到。

以我自己的孩子为例。我做饭很一般，所以当我儿子最大的爱好是"吃"时，他就只能自己做。看了《深夜食堂》《舌尖上的中国》等影片，他就觉得，做厨师是一件很酷的事情。

"厨师可以一边做饭，一边听不同食客的人生故事，他用食物去疗愈不同的人。"

"你真厉害，你妈都没体会到，我只是觉得你爸不在家，咱俩得弄点东西垫肚子。"

"妈妈，如果以后我要开一个小小的面馆，你会不会失望？"

"不会。你为什么想开餐厅呢？"

"我每天一大清早，给大家提供早餐。然后我准备中午的菜，下午我就关门了。去喝咖啡，去看我想看的书、看我想看的电影、听我想听的音乐……这样，就有一个下午和一个晚上是属于我自己的。我觉得人生不需要从早忙到晚，我可以做着厨师的工作，同时有自己的生活。"

我当时震惊了，他活得比我 30 岁时都通透："那你要实现这样的生活，需要些什么？"

"我需要一笔启动资金来开我的店。"

"OK，我投资。"

"我还需要有一个非常好的小面配方，让大家能吃出爱的味道。另外，我要把店装修得跟其他的店不一样。当客人在生活中受到了挫折，心灵受到了创伤，在这里吃面的时候，会有疗愈的感觉。也许能想起他的妈妈或者想起其他什么温暖的场景，这就够了。"

我就问他："那你需不需要一个打扫卫生的？"

"需要。"

"你爸爸可以做这个。那你需不需要一个收钱的？"

"也需要。"

"如果这个店我来投资，会在外边建个小花园，我负责招呼客人、收钱、种花。你爸爸喜欢咖啡，如果你有个做咖啡的地方，就由你爸爸来打理。你负责做餐。这样，我们三个都不会失业，怎么样？"

"妈妈，这就是我想要的生活。"儿子说的时候非常坚定。

"好，钱我投给你，人力方面，我跟你爸爸愿意跟你合作，但是你要发给我们工资。我想请问一下，你怎么拿到小面的配方？怎么在食物里体现出你对生活的理解？这不是拿一个配方就可以的。你要在接触很多不同的人、很多不同的生活方式之后有所感触，才能做出你想要的味道。"

"是的。所以我不想高中就开始颠勺，我想读完大学。如果有机会，我想去全世界不同的地方，把各种不同的面都尝完之后，再调配出我想要的味道。"

"所以呢？"

"老妈，我自己知道怎么做，你不用担心。"

…………

这是发生在我们家里真实的对话。

对孩子的兴趣，我一向是支持的，前提只有一个：选择了就要坚持。

我相信，只要是他真心喜欢的，他就能全力以赴。我不用追着他、逼着他，他自己就会主动出击。他有他的人生，我有我的旅程。陪他找到了方向，那就默默支持他，目送他启航就好了。

如果你想要发现孩子的兴趣，我有以下几点建议。

生活中，支持他的兴趣点

第一，陪他创造体验。

我儿子特别喜欢《舌尖上的中国》《寻味顺德》这类美食纪录片，所以每年的寒暑假我们都会出去旅行，号称"逛吃逛吃"之旅。

有一年春节，孩子爸爸要照顾老人走不开，只能我一个人带他去广东品尝粤菜了。爸爸就说："我把我老婆拜托给你了哦，麻烦你照顾好她。去之前，你得做攻略，吃哪家的烤鹅、哪家的双皮奶……你决定！如果回来我老婆饿瘦了，你要给我一个交代。毕竟你是男人，要照顾好身边的女士。"

结果，他真的自己做了美食攻略，我们两人每到一处都是吃的正宗老字号。他不仅吃得开心，还观察如何选择食材和如何烹饪，尝试了解不同饮食习惯背后的地域文化。

第二，当他决定做什么的时候，给他提供素材。

从广东回来之后，他对爸爸总结："烤鹅和卤鸽真的很好吃，皮脆，还不腻……"爸爸说："怎么办？我没吃到啊！"他说："爸，这两样我已经替你吃过了，可我还不会做，长大就会了。不过我学会了正宗双皮奶的做法，我给你做一个吧！"于是，他按照跟甜品店老板学来的配方，开始操作。没想到，他真的能做出相当地道的双皮奶，爸爸吃了很开心。

这就是体验给孩子带来的成长。所以，当他对一件事情产生兴趣，我就会带他去体验。体验之后，他就知道"好"长什么样子，"好吃"是什么感觉。在这之后，如果孩子想在生活里实践，我们就给他提供需要的素材。无论是做天妇罗的专业炸锅，做冬阴功汤的青贝和大虾，还是做苹果派的专用面粉，我们都会陪着他一起去采购，支持他的兴趣。这一定比上厨艺培训班性价比更高，也更灵活。

第三，保证安全是探索的前提。

没有安全，不谈教育。一二年级的孩子，他要自己炸东西，我肯定不放心。爸爸总会耐心地陪在他旁边打下手，让他知道：我是安全的。比如：炸天妇罗，爸爸会陪着；土豆丝切不了那么细，爸爸可以帮他；烤面包时有儿童专用的防烫伤手套……这样不仅让孩子的很多想法得以实现，还促进了亲子关系。

第四，他做完以后，我们是他最好的崇拜者。

"太好吃了，有你真好！"

"我怎么生了你这么能干的一个儿子！"

每次当他做出了新的菜品，我都会拿出手机认真拍照，帮他记录下来，还会晒晒朋友圈。看到大家给他点赞，我就说："儿子，你看有多少人崇拜你。我能做你的妈妈，真幸运。"他就会发现：嗯，对于做饭这件事，我是真的有天分。

这就是不花一分钱报培训班，我却帮孩子发现了他的兴趣和职业理想的故事。

报兴趣班，让孩子接受专业指导

很多家长觉得，对孩子的兴趣，自己无法提供帮助。确实，家长也不是万能的。如果孩子对音乐特别感兴趣，家长却不懂乐器、五音不全，这个时候你去找兴趣班肯定是最好的选择。

如果 0 ~ 6 岁孩子的家长想要给孩子报兴趣班，我可以提供几点建议：

第一，多试听，不着急决定。

家长有没有发现幼儿段的小朋友，你带他去上体验课，他见什么就喜欢什么，看一个就想报一个？尤其是孔雀型的孩子。

这时候就是家里经济条件再好，我们的时间和精力也不允许啊。所以建议大家尽可能地多去体验，不确定孩子的兴趣，就可以多去试听，等孩子都试过一遍后，再去选择孩子最喜欢的项目，不要冲动地做决定。

第二，不贪便宜，先报短期课。

刚开始报课的时候一定要报最小的课程包。

因为孩子年龄小，有时候的兴趣不是真"兴趣"：可能是因为有好朋友在这里，或者老师会给他们发小礼物，再或者喜欢这里的玩具……他们很容易在新鲜感过后，就出现瓶颈期。为了避免因为退费引起麻烦，建议刚开始给孩子报最小的课程包。如果孩子能坚持，真喜欢，咱们再接着报也不迟。

第三，不买"大件"，避免沉没成本。

有些孩子学钢琴，刚上几节课，家长就花大几万买钢琴；有的孩子学冰球，溜冰还没学会，家长就给孩子添置冰球装备……如果后来孩子的兴趣和天赋真的不在这上面，家长就被沉没成本绑架：已经花出去的钱，接送路上的时间，每天陪练的精力等，既然都付出了这么多，孩子必须得学出个结果来。

如果孩子已经试过兴趣和天赋不在这个领域，那试错成本是不是太高了？所以刚开始学钢琴，你可以租琴啊，能坚持就留下，不能坚持咱们也不为难。是不是你和孩子都轻松呢？

第四，根据孩子的年龄特点做选择。

在不同的年龄段，孩子的特点有所不同，要遵循相应的特点做选择。

3岁的孩子，处在动作思维阶段，这时候一定不能要求他稳稳地坐在那里学习。因为你会发现，一停下动作，孩子就不思考，走神了，所以这个阶段的兴趣班一定要让孩子动起来。

4~5岁的孩子，处于形象思维阶段，很多抽象的描述在他脑子里无法形成画面，需要具体的实物操作和一定的情境，他才能理解和掌握。所以不要着急给孩子做各种书面的思维训练，这是拔苗助长，孩子理解不了。

5~6岁的孩子，开始进入抽象思维阶段，开始不用依靠实物，也能逐步理解抽象的问题，这个时候，他们就可以听懂老师大段的描述以及指令了。

不按这个规律来，很多家长就容易被表面现象迷惑。

以编程为例：很多启蒙阶段的编程网课都是打着学习的名义，让孩子玩屏幕游戏。看到孩子能连着两节课安静地学习四五十分钟，家长误以为孩子喜欢编程，以为这是孩子的兴趣。

家长们，请你们醒醒好不好？每一个游戏设计团队里都有专业的心理工作者。他们完全按照孩子的心理在设计这些游戏。只要做对一个简单的动作，游戏里立马掉个金币下来，证明孩子是对的；通关之后，孩子还会得到不确定的惊喜——奖励装备，这给孩子很大的心理暗示："你很棒，坚持就有结果"。这比妈妈肯定得到位，比老师肯定得及时，所以孩子会沉迷其中。

所以，我建议7岁前的小朋友，能上集体课的，不上一对一课；能上线下课的，不上线上课；如果真的只能选择线上课，也请控制好孩子使用屏幕的时间，给他们足够的远视储备，保护好他们的眼睛。

第五，学会合并同类项。

家长要学会合并同类项，避免重复报班，浪费孩子宝贵的运动和游戏时间。

以舞蹈为例：没必要把街舞、民族舞、芭蕾舞、拉丁舞全都报一遍，家长可以都试过之后，再确定哪种舞蹈更适合孩子，孩子对哪种舞蹈更感兴趣，选一个就够了。

美术也是同理：不用报了绘画课又报泥塑课，再报漫画课。其实很多美术课程里都会包含这些内容。

总之，上小学之前就是让孩子多尝试，试着找到真正的兴趣，到了小学，有了学业压力，咱们就该删的删，该合并的合并，留下孩子真正感兴趣和擅长的，进行长期刻意的培养。

和孩子一起把困难打倒

任何一项兴趣在培养的过程中都会遇到问题，经历瓶颈期。这个时候父母一定要牢记：我们要和孩子一起打倒困难，而不是和困难一起打倒孩子。

比如，孩子今天不想弹琴，怎么说都不想弹。有些家长就动之以情，晓之以理，给孩子讲自己挣钱多不容易，讲隔壁孩子有多努力……这只会让孩子更反感。他原来只是心情不好，这下倒好，家长制造了更大的压力和焦虑，你说孩子能继续吗？

你不妨这么说："行，咱先不练琴了。心情不好的时候，弹琴是不快乐的。那咱们先出去玩会儿吧。噢，你想踢球啊，那我们就去踢球！等你心情好些我们再练吧。"

带着孩子踢完球，回到家，等孩子喝完水、吃完水果、洗完澡，状态好的时候再说："宝贝，这会心情好了吗？好了是吗？来，那我们开始练习吧！"这叫作父母跟孩子一起打倒了困难。

　　一定不要在孩子遇到瓶颈和困难的时候，把自己变成压垮孩子的那根稻草。

好奇心是开启兴趣之门的钥匙

　　其实每个孩子都有天生的好奇心，对周围的世界充满了兴趣。可是为什么在幼儿园阶段，就有孩子开始对什么都不感兴趣了呢？

　　多数的问题出在了 3 岁前的教养方式上。

　　因为工作原因，很多年轻的父母没有时间带孩子，孩子在 3 岁之前，一般都是由老人或保姆带。他们带孩子的底线是，孩子不能磕着碰着、不能生病。至于能不能帮助孩子开发智力，并不是最重要的，这是他们和父母带孩子最大的区别。

　　所以，当孩子去拿水杯的时候，他们说："不要碰，烫。"

　　看见一只小狗，他们说："不要碰，咬你。"

　　孩子一奔跑，他们说："慢点，摔了疼。"

　　孩子观察花，他们说："别摸，扎手。"

　　…………

时间久了，孩子就会发现，周围到处都是危险，事事都有大人帮助做。这种孩子还愿意去尝试吗？你觉得他还有好奇心吗？

因为他太听话了，所以错过了很多人生的体验。

这方面，我的家人给我创设了非常好的成长环境。

我五六岁时，哥哥从北京当兵回来，给我买了12个键的玩具钢琴，只有40厘米长。那是我人生第一次见到琴。我就把我在幼儿园听到的歌，自己摸索着用一个手指头给弹出来。弹完以后，我很想知道它为什么可以响，就拿个螺丝刀，开始撬，把它拆了。

后来，我爸爸给我买了台电子琴，插上电就能响，不插电它就不响，为什么？我拿来螺丝刀，又把它拆了。

再后来，妈妈给我买了雅马哈的电子琴，更高级了，各种的音色和节奏，怎么做到的？我又把它拆了。

等我上班后，给自己买了一架钢琴。我做的第一件事是什么？又是拆。

每次拆完，都没人帮我，我都得自己琢磨怎么装回去，直到它能再发出声音为止。

了解我的人都知道，我的左手食指上有一道很深的疤痕：那是小时候拍皮球，觉得很神奇，一拍它就能弹起来，想知道皮球里面到底装了什么机关，于是拿了刀想割开看看，结果差点把手指削掉一截……这就是为什么我说在保证孩子安全的情况下让他去探索，回想一下，如果再割深一点，我现在可能左手食指就只剩下一半了……

如果说人要活到老，学到老，那我要感谢我的家人允许我去大胆尝试，从小保护好了我的好奇心。哪怕我在该退休的年纪才开始做短视频，自己拍的第一条短视频也达到了 600 多万的播放量，我就是靠着自己学剪辑、自己研究文案脚本、自己研究相机摸索出来的。

始终保持好奇心，帮助我对所有新兴事物都充满兴趣，持续拥有自主学习的动力。

那么，如何让孩子保持好奇心呢？

支持孩子的每一次探索尝试

如果孩子有好奇心，想做一件事，只要他"不伤害自己，不打扰别人，不破坏环境"，家长要做的就是：管好自己，不打扰孩子。

像我小时候拆东西，我父母并没有打骂我。虽然我妈会说："全村就你一个人有琴，你还把它拆了。"但她很开明的一点是：这个东西已经买给孩子了，那孩子就有权决定它的用途。

她有时会说我"败家子""拆家"，但在我把东西拆了之后，也会问我："你搞明白了吧？你得给它装回去，要不然以后就不能再给你买了。"因此，我从小就意识到：自己造成的麻烦，得自己去解决，这让我变得更加独立。

这一点用在我儿子身上，也同样有效。

但凡他想探索一件事，我们都会支持他的行动。有一年寒假，老师布置的作业是观察月亮的变化周期。很多家长都会上网搜月亮给孩子看。但在大冬天的重庆，我老公连着30天，每到晚上都带着儿子跑到42层楼顶去实地拍照记录。

虽然儿子的记录上有很多的阴天，只简单记录着月亮的圆缺和形状，但这是真实的记录。当孩子有了好奇心，想要找答案，他爸爸就陪着他，看到什么就是什么。

这对我儿子产生的影响也非常显著。他从不会抄别人的作业，考试也从不抄袭。有一次，他们上远程视频课时进行考试，这种情况下动点手脚，其实老师根本看不出来。我给他做手势，可还没等我张嘴，他就说："老妈，你跟我说过，考试是让我找不足的，抄是找不出来的，最后吃亏的还是我。"

所以教育学家说的是对的：高自尊来自高尊重。我们充分尊重了孩子，他就对自己有更高的要求。

陪孩子找到更好的方案

为什么很多家长拒绝孩子的探索行为？因为觉得孩子的做法太幼稚，就是在给父母添乱。

举个例子，小朋友在书上学会了一个做泡泡的配方，自己用洗洁精和甘油做了泡泡液，想吹大泡泡。这原本是件多么有创意的事情，可是有些家长却说："你弄得屋里都是水，不仅容易滑倒，还得花很长时间收拾打扫。别玩了！快点收起来！"

其实你只用多加上一步，就能保护好孩子的探索行为。你不妨说："来，泡泡落在地上滑不滑？你也发现很滑对吗？那我们去哪里吹泡泡，可以不怕滑倒呢？比如说，去院子里怎么样？"孩子也可能会说，在浴缸里、在草地上、在阳台上……这样是不是你和孩子都开心了？

再如，你在和面准备蒸馒头，孩子也想摸一下，你不想孩子打扰你，该怎么做？方法不是呵斥孩子，而是和他一起找到更好的办法。

比如，你可以用 1 份植物油、3 份水、5 份面粉，再加上食用色素或者菠菜汁、火龙果汁，做成可食用的彩泥。给孩子一条小围裙，带他洗干净小手，给他一根小擀面杖，让他坐在那儿自己探索。这样既不影响你做饭，他又可以专注地玩很久。如果可以，连他的作品一起蒸熟了试试看，是不是又是一次开心的体验呢？

从小事上学会归纳总结

既然是探索，就会有时成功，有时失败。所以，"复盘"的能力对孩子来说很重要。

让小朋友总结一下：做得好的，坚持；做得不好的，如何改进。这就是孩子们的"复盘"了。这对他未来培养自己的兴趣，自主地学习，都非常重要。

比如说，在训练孩子手眼协调能力的时候，我会布置一个"凉拌豆角"的任务。

让小朋友把干净的长豆角分成同等长度的小段。小班孩子可以用手折，中班孩子可以尝试着用干净的小剪刀剪，大班孩子可以用锯齿状的儿童刀具去切。然后妈妈（爸爸）帮助焯水，放入一点香油、生抽和盐，让小朋友搅拌均匀后，就是一盘香喷喷的"凉拌豆角"了。当孩子第一次做了一道菜，让全家人品尝时，我们不妨让孩子复盘一下：今天做得好的是什么？还有哪些地方需要改进？他们观察后就会发现：好吃，好玩。但是好像有的豆角很长，有的很短。那家长就问孩子：怎么才能做到一样长呢？比如比一比，或者用眼睛看准了再剪……不要小看这简单的一步，有了这一步，孩子就会很期待下一次的"凉拌豆角"。因为他们迫不及待地想印证一下自己总结的经验。

生活如此，学习也是如此。孩子养成了总结复盘的习惯，他们就会更好地进行自我评价。

现在，孩子们在学习上为什么大多没有自驱力？看看孩子写作业你就知道原因了。

比如做口算题，10分钟做完了20道题。妈妈（爸爸）一批改：错了2道，再罚做一张。再做20道，结果匆匆忙忙，这次错了3道！怎么办？再继续罚吗？那孩子可就真的把作业当作惩罚，越来越讨厌做口算题了。

家长这个时候不妨和孩子一起总结一下：做得好的地方是

你很熟练，数字写得很端正。那错的两道题问题出在哪里？是没认真看题，还是没有验算就急着让妈妈（爸爸）批改？又或者是知识点没掌握牢固？这样的话，只用把错的两道题让孩子再算一次就好了。孩子学会了自己总结经验教训，家长也省时省力，这不好吗？

最后，我想和各位家长说，保护好孩子的好奇心，就像父母给孩子的人生这艘船扬起了风帆，他会自我驱动，乘风破浪，勇往直前。

观察力从产生兴趣开始

　　孩子在 0 ~ 6 岁，有一个细小事物观察的敏感期，非常有趣。你给孩子一张图片，比如是带着叶子的西瓜。很多孩子没有注意西瓜，但他会看到叶子上爬了一只小瓢虫，还会看看它身上是不是有 7 颗星。

　　让孩子感兴趣的事物，你不用教，他也会特别主动地去观察细节。比如，孩子对绘画感兴趣，那他一定会对细节观察得很仔细。

　　我以前在幼儿园工作，有一次三八妇女节，我组织班上的小朋友画画，主题是"我的妈妈"。有个小朋友画的妈妈，卷卷的头发，戴着眼镜，笑得很开心，而且，她的脸上有一颗痣。孩子抓住了这个特征，看到这颗痣，你一下就知道，这是他的妈妈。

　　我跟大家说："我要表扬毛毛，他把妈妈画得特别仔细，连妈妈脸上的这颗痣都画出来了。"孩子们受了启发，误以为老师表扬毛毛，是因为他画的妈妈脸上有痣。结果，他们交上来的画，就在比谁妈妈脸上的痣多，有的甚至给妈妈点了一脸的痣。

有兴趣的孩子，听了老师的信息，认真地观察过了，妈妈脸上哪里有一颗痣，他就稳稳地点在哪里；没兴趣的孩子，以为要画痣，就随意地画很多的痣。在同一件事上，他们的主动性有差别，使得结果产生了巨大的差异。

当孩子对某件事情感兴趣，他的观察力就会很强。观察力强的孩子，通常都有以下特点：

第一，做游戏，可以快速地找出最优路径；

第二，看到感兴趣的事物，能立马安静下来；

第三，能观察到细节，拥有很强的模仿能力；

第四，一个人分饰几角，说的话有很强的细节感。

那么，应该怎么培养火眼金睛、有观察力的孩子呢？

带着目的和任务去观察

一般来说，孩子喜欢活动的、有声音的、色彩鲜艳的、新奇有趣的事物，成人也如此。静止不变、色彩灰暗的东西，则很难引起兴趣。最初帮孩子选择观察对象时，一定要选孩子感兴趣的，时间久了，孩子会从观察中产生兴趣，并养成随时随地观察的好习惯。

自从看了法布尔的《昆虫记》，我儿子就喜欢观察各种昆虫。有时候，他像发现新大陆一样，大声告诉我，他发现蚂蚁了，然后蹲在那里看蚂蚁搬家。有一段时间，各种能找到的昆虫，都成了他心爱的宠物。除了昆虫，他还养过小鸡、小乌龟、小蝌蚪、小鲤鱼……

　　他观察它们的特征，如何活动，吃什么，喝什么，将自己从书本里看到的和实际生活里的进行对比，然后不断地提出一个又一个的问题。

　　观察的时候，要让孩子知道观察的目的，孩子观察起来才会更有选择性和针对性。

　　夏天，当儿子在窗户上发现第一只瓢虫时，我问他："瓢虫身上有几个点？它会不会飞呢？"他立即对瓢虫产生了浓厚兴趣，饶有兴致地观察瓢虫的外形和身上的斑点。

　　夜晚出去散步的时候，我会让他带上小手电筒和放大镜，看看有哪些小昆虫是白天看不见，只有晚上才出来的。

　　所谓"授人以鱼，不如授人以渔"。孩子太小，还不能控制自己的视觉，最初的观察属于无意识地东瞧西看，家长们要引导孩子学会观察的技能。遵循由近及远、由外及内、由局部到整体或由整体到局部的规律，从简单事物入手，由简单到复杂，逐渐培养观察力。比如，观察鸭子、鹅、天鹅有哪些不同，可以引导孩子先观察它们的外形，再逐一观察脖子、嘴巴、爪子。

多感官观察"看不到"的细节

观察不仅是"看一看",家长可以引导孩子用身体多感官参与观察活动,提高孩子的观察能力。

想让孩子自由地体验、观察人和事物,父母不妨让孩子看一看、摸一摸、闻一闻、敲一敲、听一听、尝一尝。

有一次,我家豆豆和他爸爸因为一个塑料桶闹得不可开交。因为桶盖上的环扣无法扣到塑料桶上,这打破了他心中的秩序感,于是他歇斯底里地哭闹不止。我告诉他,妈妈有办法帮他把盖子扣到塑料桶上。他停止哭闹,和我一起去扣盖子。可是,尝试了几次,依然扣不上。我对儿子说:"为什么扣不上呢?你摸一摸桶盖上的环扣,看看哪里出了问题。"

他仔细观察,摸了每一个环扣,终于发现,其中一个环扣损坏了一小块。如果不仔细看,不摸一摸,根本看不出来。于是,孩子的情绪稳定了下来,不是他扣不上,而是环扣坏了,他不再纠结和难受。

在观察过后,孩子总想再试一试。这时,父母要鼓励孩子动手实践,比如种花、种树、养小动物,甚至做一些在我们眼里不可理喻的实验。

我儿子就是这样,经常做一些黑暗料理,让我和他爸爸试吃。看着窗明几净的房间,转眼变成杂货铺子,气急训斥吗?不行!即使地板上发了洪水,案板上一片狼藉,你也得强压怒火,否则你可能会扼杀一个五星级的酒店厨师。大不了试验结束，全家一起打扫呗。

其实在幼儿园里，孩子们都是有专门的观察记录本的。每班都有自己的种植区，孩子们会用绘画的方式，把观察到的内容记录下来。当然，对于年龄较小，还不认字且不会写字的孩子，这种"观察记录"可以是随机的，可以让孩子用自己喜欢的方式来记录，或是让他讲给你听，这样既可以提高孩子的语言表达能力，又能培养孩子的观察习惯。

把生活的点点滴滴当作学问

我们要善于引导孩子观察生活，把生活中的点点滴滴当作学问。我曾告诉家长们，你若善于观察生活，处处都是孩子的课堂。

比如，孩子学认字，你可以在去幼儿园的路上，让孩子找到他认识的字；孩子学了数字，你可以让他找路上的数字；哪怕你和孩子去吃海底捞，也可以总结吃火锅的步骤，让孩子学会说话有条理。

家长如果连这点耐心都没有，那就不要羡慕别人家孩子的优秀了，因为你丢掉了太多和孩子一起成长的机会。

我的儿童中心里，有位爸爸喜欢养鱼，而我们养的小金鱼被猫叼走了，这位爸爸就带着自己的专业工具，在保证孩子安全的情况下，陪着孩子去捕鱼。他们在儿童中心门口的湖里，抓了好几个品种的小鱼，给儿童中心的孩子们观察。这个孩子因为经常在旁边认真观察爸爸养鱼，所以，在儿童中心，他是最懂养鱼的小朋友。他会主动地去给大家做科普，老师们和孩子们都很崇拜他。

其实家里的任何物品，都可以是孩子的研究对象。水为什么没有颜色？电视机为什么是方形的？植物为什么和人一样也要喝水？火锅为什么要有九宫格？孩子有这种疑问，证明他的观察力正在迅猛发展，父母们一定要珍惜和保护，陪着孩子一起观察讨论，找到答案。生活一定是培养孩子观察力的最好课堂。

研究显示，观察力的强弱与孩子视野是否开阔有关。孩子见多识广，自然心胸豁达，视野开阔。大自然是最好的课堂，给孩子买一堆的玩具闷在家里玩，不如带孩子出去转转。这是提高孩子观察力的最佳时机，孩子自己的感受远比书里看到的、父母嘴里说出来的更加印象深刻。

还有，在幼儿园教学时我发现，孩子越大，越喜欢找不同。走迷宫、拼装颗粒积木等游戏孩子们也很喜欢。即便是很复杂的迷宫，孩子们也能走得相当熟练。难度较大的颗粒积木拼装，他们也能独立完成。家长可以经常和孩子一起玩这些游戏，既锻炼孩子的观察力，又促进亲子关系。

最后，我想告诉大家，孩子的观察力天生都是很好的，一定不要拿结果来评判他，要让他享受观察的过程，渐渐地你就会发现一个不一样的孩子。

孩子感兴趣，才有专注力

家长们，你们是否为了提升孩子专注力，买了类似舒尔特方格、视觉追踪、听觉专注力训练的工具？是不是尝试之后都失败了？你们想过为什么会这样吗？因为它们不符合孩子的成长规律。

一方面，最早的舒尔特方格并不是培养专注力的工具，而是用来检测飞机驾驶员的瞬间反应速度的。这样一套检测工具怎么可能提升专注力呢？

另一方面，作为网红产品，只要加上"专注力"三个字，就可以完美击中家长们的痛点。家长们觉得用这些产品，就能让孩子上课认真听讲，写作业专心致志了。所以，很多家长就纷纷下单。

家长一定要相信，孩子天生的专注力都很好，不信你去观察，他们能专注地在树下看蚂蚁搬家、在客厅玩娃娃，一待就是 20 ~ 30 分钟；而在课堂上，幼儿园小班的孩子能专注 5 分钟，中班的孩子能专注 10 分钟，大班的孩子能专注 15 分钟。这说明什么？有兴趣，他们自然会专注，但很多家长一听老师说孩子上课走神，就觉得是孩子的问题，就要病急乱投医。

当然，有些孩子确实缺乏专注力，造成这种情况的原因，主要有以下几个。

第一，家长管理不好自己对结果的期待。

家长想让孩子到了小学时坐得住、专注力好、观察力好，于是从小开始进行听觉、视觉训练。用各种卷子训练完，又来问我，景老师，为什么我家孩子现在天天晚上到十一二点钟，跟猫头鹰一样，瞪着眼睛不睡呢？

我说家长，你把工作拿回家，吃完饭到睡觉前，仔细思考 4 个小时，你睡得着吗？这根本是违背孩子成长规律的。再这样下去，上课观察力和专注力可能没多大改善，但是一定坐得住了，为什么？因为孩子没睡够，上课打瞌睡。

第二，家长过度干预。

小家伙观察蜜蜂，妈妈说："宝贝，瞪着它看什么，蛰到你会肿的，疼！"

小朋友用自己的方法摆积木，家长跟图纸一比对，中间有一块错的，立马打断孩子："毛毛，听我的，它不该摆在这儿，应该摆到那边。"

"周周，坐了这么久了，你累不累？要不要坐垫？"

"你在太阳底下看蚂蚁，热不热？渴不渴？"

甚至，孩子写作业的时候，父母都要在门缝偷偷观察：他有没有好好写？

他真的在好好写，家长又有新的行动：

"宝贝，辛苦了，你要不要喝牛奶？"

"宝贝，妈妈给你切了水果。"

…………

就连买了舒尔特方格的卷子，孩子说："妈，我不会。"妈妈也会说："我给你做示范。"做完，孩子说："妈妈你真棒。妈妈，下一个怎么做？"有家长说："我买了卷子，最后变成孩子给我鼓励，我做给他看，到底是在训练谁？"

家长们，你们这样做，是在用自己对孩子的关心破坏他们的专注力。所以，管好自己，不要过度干预。

第三，家长对孩子吼叫。

很多家长，一边炒菜，一边叫孩子："毛毛，去帮妈妈（爸爸）把碗筷摆好。"

喊了一声、两声、三声，孩子没有行动，这时，有的家长就站到孩子身边大声吼："毛毛，我叫你听见了没有？"

孩子说："听见了，可我正在忙。"

家长的这种做法，也会破坏孩子的专注力。

那么，如何提升专注力呢？

不看眼睛不说话

只有孩子看着你的眼睛的时候，你才说话。很快你就会发现，你不需要大吼大叫了。

比如，我看到豆豆自己玩玩具，我想让他把刚才看过的书放回书架。我会说："豆豆，看着妈妈，请把你刚才看过的书放回书架上去。"或者："豆豆，这本书你看完了，应该放到哪里去？"如果他不看我的眼睛，我就不说话。时间久了，他会有条件反射，但凡我叫他的名字，他就会第一时间看着我的眼睛。

在课堂上，也是同样的道理。老师讲话时，孩子看着他的眼睛，有助于更好地吸收知识。

有家长问："老师总说孩子上课不看黑板，我怎么教育孩子？"

我说："家长，你把孩子交给景老师，你看哪个不看我。"小朋友注意力不集中，我让他给我当助教；他不看我，上课不专注，我会让他帮我给大家发彩笔，做值日生；他唱歌的时候东张西望，更简单："来，孩子，你和景老师一起领唱，我唱一句，你带着大家唱一句。"

你看看哪个孩子不认真专注嘛！不是孩子不想专注，而是老师没有策略、没有方法，你把问题归结到孩子身上，我觉得孩子不应该背这个锅。

在常见的生活场景中练习

孩子的专注力，不一定非要通过培训才能提升。只要抓住孩子的敏感期、兴趣点，给他提供条件，你也能成为一个好老师。

下面几种常见的生活场景，都是培养孩子专注力的好机会。

玩水：孩子2岁前，你给他准备一个大澡盆，倒上温度适宜的水，再把洗澡书、戏水玩具放进去。你会发现，要不是水凉了，你把他抱出来，孩子是不会主动出来的。

玩海绵：给孩子拿个托盘，托盘里放两个透明的玻璃碗。在其中一个玻璃碗里放点水，滴一点食用色素，再给他一块海绵，让他用海绵把水吸起来，转移到另一个碗里，握紧海绵挤出水，直到把水全部运完。看着简单，可它对孩子是有挑战的，孩子能玩一早上。

在这个过程中，家长不要干预，哪怕弄脏了桌子，最后给他一块抹布抹一下，让他把东西放回原位，也就行了。这个场景，可以发展孩子的触觉。

倒茶：这是孩子们很喜欢的一个生活类游戏。

四五岁的小朋友，给他一个茶壶，倒上温水，再给他一个杯子、一块抹布，放在托盘里，跟他说："宝贝，妈妈（爸爸）今天给你示范倒茶，请你认真观察，保护好自己。"

家长可以提着壶、摁着壶盖，把壶嘴对准杯子去倒水。倒完后，如果有水洒了，你拿抹布把桌子擦一下。端着杯子对孩子说："来，宝贝，请喝茶。"他喝一口，说："谢谢妈妈。"这就是一套完整的操作。

接着问孩子："刚才的演示明白了吗？好，你来操作。"我们用的是真茶壶、真茶杯，洒了用真抹布擦一擦。

玩这个游戏，家长不会很累，因为不用跟在孩子屁股后面打扫战场。我给你托盘，把这些物品都放进去，还给你示范怎么擦干净，所以，你操作结束之后要把物品归位，哪里拿的放回哪里去。注意，操作中，桌上要保持干净，没有任何其他物品打扰。或者也可以坐在地毯上操作。减少干扰，孩子更专注。

手动榨汁：有的家长会给孩子买手动榨汁机，爸爸妈妈下班后坐在沙发上，四五岁的小家伙拿着榨汁器，摁着水果榨出果汁，然后说："我做的果汁，请品尝。"虽然器物不大，但孩子们乐此不疲，会把家里能榨汁的蔬果全部尝试一遍。

做水果沙拉：家长们，请你给孩子配一把没有开刃的锯齿状的儿童刀具。可以是塑料的，也可以是不锈钢的，它不靠锋利去切食物，而是靠力量把食物压开。

我之前遇到一位阿姨，她儿子儿媳去南方打工，把孩子留给她一个人带。

阿姨认为自己没有把儿子培养好，导致儿子现在离家那么远打工，所以就下定决心要把孙子教好。她在直播间听专家说，孩子不会看绘本，是专注力不好，于是花了1000多元买了专家推荐的一堆绘本。

但是，孩子不喜欢看，这位阿姨愁死了，说："我过年都不敢给自己买新衣裳，把钱都拿来买孩子的书了。可我买的书孩子不看，我把孙子带成这样，儿子跟媳妇春节回来，我怎么跟他们交代？"为什么会这样？因为这些书是专家想让孩子看的书，不是孩子想看的书。

我告诉她：每个孩子的专注力都很棒，只是你没有让他展示给你看。于是按照我的要求，她给孩子买了围裙、罩袖、小厨师的帽子。当孩子穿上这身，兴趣已经来了。然后买块小案板，买一把小的锯齿状的刀。

到了春节，儿子儿媳回家了。早上起床，小朋友说："大家早上好，我们吃香蕉沙拉。"小朋友切了一盘香蕉，然后挤点酸奶，做成沙拉。中午吃完饭，小朋友说："大家坐好，我们吃火龙果沙拉。"晚上吃完饭，小朋友说："大家坐好，我们喝橙汁。"孩子认认真真地做这些，可把家长乐坏了。

大年初一，儿子和媳妇一起对阿姨说："老娘，你坐好，我们给你磕个头，谢谢你把孩子教得这么好！"阿姨发现，原来孙子的专注力没有问题。一个孩子为大家准备那些食物，做了几十分钟，你说他的专注力好不好？只是你不会引导，就看不到这精彩的瞬间。

让孩子到户外放肆地玩沙子

到了海边，如果你把沙子喷湿，小朋友们就会拿着各种挖沙工具，玩一天都不觉得累。他们会挖洞，在上边铺树叶、树枝，再铺上沙子，做陷阱；他们会堆城堡，挖护城河，宣告这是他们的城池……

这是多好的专注力游戏啊！

有位家长，孩子4岁，幼儿园教写字，孩子写不好，她感觉很挫败，认为是幼儿园选得不好，觉得对不起孩子。前段时间，她跟我说："景老师，按照你说的，我带着孩子在沙滩上写大大的12345，他写得好着呢。但为什么写小字却不行？"因为大家都忽略了，4岁的孩子，还不具备使用细细的铅笔写字的能力，即使能写，也会很快感到疲惫。但是换成用树枝写大大的数字，就变得简单多了。孩子有胜任力，自然愿意反复练习了。

专注力训练，不局限于认真写字、读书，连小孩过家家，都属于主动专注。在不久的未来，这种能力会迁移到孩子的学习上。

最后，送给大家一句话：感兴趣才有专注力。每个孩子天生专注力都非常好，很多时候，你给了孩子枯燥的内容，孩子不感兴趣，你就看不到他的专注力，会很失望，还觉得孩子不对，非要孩子一遍一遍地练习。但是，如果你找到了他感兴趣的内容，你就会看到他优秀的专注力。

兴趣是成功记忆的前提

很多家长跟我说，自己的孩子记性很差。跟他说点什么事，他总是记不住；让他背古诗，他背不下来；教他唱歌，他也记不住歌词。于是，家长就给孩子贴上了"笨""记忆力差"的标签。

实际上，孩子记不住，原因并不像家长想象的那样。在我看来，主要原因有以下三个。

第一，不理解很难记忆。

幼儿的记忆富有情绪色彩，特别容易记住那些使他们愉快或令他们悲伤、气愤的事情或情景，以及其他引起他们情绪反应的事物。如果不理解，那就很难记忆。

在听故事、儿歌时，宝宝往往特别容易记住最有感情的句子。比如《小鸭子游泳》这首儿歌，宝宝听后首先记住的是"小鸭子摇啊摇，扑通一声跳下河"，儿歌中"摇啊摇""扑通一声"等语言形象生动，能引起宝宝情绪上的反应，宝宝就记得快。

不妨再试想一下，对孩子来说，下面四个选项中，哪个是最容易记住的？

A.《三字经》：人之初，性本善，性相近，习相远。

B.《马诗》：大漠沙如雪，燕山月似钩。何当金络脑，快走踏清秋。

C.《咏鹅》：鹅鹅鹅，曲项向天歌。白毛浮绿水，红掌拨清波。

D.儿歌：小老鼠，上灯台，偷油吃，下不来。叫妈妈，妈不来，喵喵喵，猫来了，咕噜咕噜滚下来。

孩子最先记住的，一定是 D 选项的儿歌。因为它生动、形象，有象声词、有动作，孩子更容易记住。

其次是 C 选项的《咏鹅》：根据诗歌的内容，孩子如果见过大白鹅，就很容易在脑子里构建"白毛浮绿水，红掌拨清波"的画面。

在 B 选项里，对于孩子来说，大漠、燕山是很遥远的，在生活里缺少相关经验，当然记忆得更慢。

至于 A 选项《三字经》中的"人之初，性本善，性相近，习相远"，对于孩子来说有三个难点：第一，句子意思难以理解；第二，没有生活经验；第三，体会不到其中的含义和生活指导意义。

所以，家长们千万不要盲目跟风，让孩子记忆他们理解能力之外的内容，还是应该从有画面感的、跟生活结合的、生动活泼有趣的内容出发，让孩子学习和记忆。

第二，不感兴趣记不住。

你有没有发现，越是孩子感兴趣的内容他就记得越牢，而且细节也记得越清楚。比如：他喜欢动画片的主题曲，哪怕歌词再绕口，他都能记住；哪怕你就带他去过一次的迪士尼，他都能记住很多细节：吃了什么，玩了什么，见了哪些卡通人物。

可为什么让孩子背单词、背古诗，他总是记不住，或者当时记住，扭头就忘了呢？

当记忆材料枯燥，孩子不感兴趣时，就很难专注地去记忆了。

我想劝告家长一句：不要迷恋幼儿园的小朋友能背诵多少单词和古诗。除了让家长在社交群里有谈资之外，对于普通孩子来说，这真的没有太多的实际意义。

孩子不会因为背古诗和背单词训练出良好的记忆力，其实，当他们感兴趣、情绪好的时候，他们记忆的效率很高。

关于这一点，很多家长从一开始就犯了错误。如果家长不管不顾，觉得自己的孩子就是没下功夫，多读、多背就能记住了，那会让孩子记得很辛苦，情绪也很低落。当情绪低落的时候，越逼孩子他们只会越崩溃。

站在孩子的角度想一想：当你对某件事情不感兴趣，家长又逼你去做，你的负面情绪是不是会很大？就像成年人上班，领导逼你工作一样，你的心态是怎样的？是不是你不感兴趣，心情不好，效率就会很低？这种情况下，孩子就会记不住，即使在短时间内记住了，也很快会忘掉。

第三，家长不懂孩子的记忆规律。

有些家长不了解，小朋友的短时记忆能力是很强的。对于他能理解的东西可以很快记住。

我以前当老师，为什么我们班的小朋友，每年的学习能力测试都比别的班表现好，是因为我能抓住孩子的遗忘曲线。

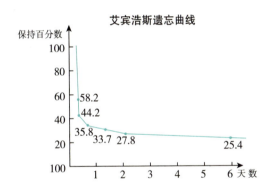

艾宾浩斯遗忘曲线

比如，我早上教孩子们唱一首歌，等到中午吃饭前，孩子们洗完手坐在那儿，我让孩子们复习一遍；等到下午睡醒，孩子们坐在床上穿衣服、穿鞋子，我带着孩子们再唱一遍；等到下午吃点心前，我会再让他们复习一遍；等到下午放学前，他们洗好手、洗好脸，坐在那里等父母的时候，我们再一起唱一遍。这样，等到放学的时候，孩子们都能记住这首歌。

那么，如何更好地培养孩子的记忆力，让孩子记得快、记得牢呢？

找到孩子的兴趣点

很多家长盲目追求量，而不追求孩子记忆的品质。

比如，某早教机构用闪卡让 0 ~ 3 岁的小家伙在课堂上认150 多个国家的国旗，让孩子背圆周率，让孩子在课堂上看着快速闪动的图片去认字。

我想请问，这些东西认了以后，有没有实用价值？仅仅是为了满足下课以后父母的成就感，可以在朋友圈炫耀：我孩子认识 150 多个国家的国旗，我孩子一节课识了 10 个字。

可是在这种情况下，孩子缺乏自驱力，他是不感兴趣的，记得快，忘得也快。

我从来没有让我的孩子做过记忆训练，但我孩子的天赋在于他真的过目不忘。一部纪录片看完，他只记得自己感兴趣的内容。

之前，我们一起看《大国重器》这部纪录片。结束以后，我想问的东西他不感兴趣。但他给我说了几个数据，把我给吓着了。比如，一只鸡，在现代化条件下，从蛋壳里孵出来到上市，要吃掉多少公斤粮食，排出多少公斤大便。

这些数据，他记得一字不差。这就是他感兴趣的东西，他会自己从纪录片里抽出数据来。

还有，我有一位学生的妈妈是北京外国语学院对外汉语专业的博士。他妈妈没有强迫他去背诗词，但他妈妈经常在家里上直播课。有时孩子问："妈妈，什么叫'唧唧复唧唧，木兰当户织'？'唧唧'是什么？"他妈妈就给他讲，"唧唧"是织布机的声音，并给他讲了花木兰的故事。这小家伙才 6 岁，就可以从头到尾、一字不落地把《木兰辞》背下来。

你觉得是他记忆力超强吗？不是，是他脑子里储存了妈妈给他讲的这个故事，他把故事的每一个情节，都跟诗词准确地匹配上了。当大家都说"这孩子记忆力怎么这么好"的时候，他妈妈说："景老师，相信我，我真的没逼他。"

所以，家长不要担心孩子的记忆力，遇到他喜欢、感兴趣的事，在他情绪好的情况下，他可以很快记住。但记住不代表吸收了，只是暂时储存在脑子里。因此，请你根据艾宾浩斯遗忘曲线，及时给孩子复习。只有经过这种遗忘和巩固，最后留下来的，才是你孩子真正记住的内容。

把符号转化成画面和故事

想要孩子有自驱力，得让孩子感觉要记的这个东西是有趣、有用、自己可以记住的。

以汉字为例，孩子只有认识了它的形状，知道了它的意思并会组词，知道了它的用法并会造句，才算真正理解它。否则，纯看识字卡片，孩子记住的也只是图案，在看图猜字，而不是真的掌握了。

那电视里的记忆大师是怎么记住密密麻麻的数字的呢？他

们真的是天才吗？

其实有些人是把符号转化成了画面，把画面串联成了故事。

比如，背圆周率 3.1415926……我儿子能背到小数点后 200 位，正着背、倒着背，你随便问第几位是什么，他都记得。

他是怎么记的？儿子告诉我：他会把 1 到 100 的数字分别用一个物品来代替，比如"1"是衣服，"2"是耳朵，"3"是大山。"123"在他的脑子里就形成一个画面：一件衣服上面有只耳朵贴在大山上……

有一次，有位同学的家长想考考他，我儿子就说："我站在这儿，叔叔，你在黑板上写 30 位数，随便写。"于是那位家长一边写，我儿子一边看。接着他说："叔叔你写完了吗？我现在转过去，你来问我，正着背倒着背都行。"结果当场就把对方惊呆了。

他能快速记忆不是因为他是天才，而是他把这些数字分别转换成了不同物品，也就是重新编码，再转化成一个奇怪的故事，越奇怪就越容易记住……当然，这需要反复的练习才能保证准确率。

如果你觉得有趣，完全可以自己去买类似书籍，训练孩子记牢编码，而不必花很多冤枉钱去报什么"全脑开发""右脑开发"的课程。

可是话又说回来，真的能记住圆周率的 200 位数字又能怎样？等到运用时，如果不理解公式，还是解决不了问题。

所以千万不要本末倒置，还是要看孩子是否感兴趣。

触发孩子多感官自发参与

为了提高孩子的记忆效果，可以采用协同记忆的方法。在孩子识记时，让多种感觉器官参与活动，在大脑中建立多方面联系，从而加深孩子的记忆。

研究表明，如果让幼儿把眼、耳、口、鼻、手等多种感官利用起来，使大脑皮层留下很多"同一意义"的痕迹，并在大脑皮层的视觉区、听觉区、嗅觉区、运动区、语言区等建立起多通道的联系，就一定能提高记忆效果。

因此，家长可以引导孩子运用多种感官来记忆。如识记水果、蔬菜等单词时，应尽量让孩子多看一看、摸一摸、闻一闻、尝一尝、听一听，通过眼、手、鼻、口、耳等多种感官从多方面获得感性认识，这样，就会使孩子记得又快又牢。

所以最好的记忆这些单词的方法，对小朋友来说真的不是卡片，反而是超市或者自家的冰箱。

最后，送给大家一句话，千万不要拿无聊的东西来考验孩子的记忆力，你要做的是让他发现生活里更多的美好，这些都会通过他自己的信息处理，永远刻在他的大脑里。

有兴趣，学科启蒙就不难

　　家长总抱怨，0～6岁学科启蒙太难了，要么自己想教，孩子不想学，要么孩子学了，但学不会，总之就是花了钱，费了力，却总是比不上"别人家的孩子"，还导致孩子越学越没有动力，一提学习就哭闹。

　　其实要想让孩子在学习知识的时候有自驱力，主动学，并不难。还记得我前面讲的三个关键词吗？

　　一定要让孩子觉得学习这件事对他来说"有趣""有用""我可以"。

　　根据不同孩子的性格、兴趣、爱好、天赋，家长可以在生活中先激发孩子对学习的兴趣。而老师在幼儿园是会按照科学、系统的方法进行教学的。

　　请家长千万搞清楚分工：幼儿园里孩子多，所以幼儿园可以解决共性的问题；而家长则是在家里解决个性化问题的，家园合作，密切配合，就能教出健康聪明的孩子。

但是，很多家长把自己的任务放在一边，总是认为：习惯嘛，慢慢就会了；自理能力嘛，孩子还小……但是，知识一定要提前学。甚至觉得幼儿园不教，那就自己教。可是有些家长不懂孩子思维发展的特点，不仅没有激发孩子的学习兴趣，反而因为不恰当的方式让孩子越学越乱。

举个例子：孩子刚刚 3 岁，全职妈妈就在家教孩子学习数数、分类、排序……还买了一堆思维训练的书，结果呢，孩子做不对哇哇大哭，妈妈教不会就跟自己较劲，也气得痛心疾首。

我讲课的时候告诉她，想教孩子数学，不如这样做：第一步，洗一盘车厘子，问孩子："想吃吗？想吃几个？"孩子说两个，你接着说："想吃两个对吗？那你数出两个来。"孩子数对了，你就说："数对了，吃吧！妈妈想吃 3 个，请你帮我取 3 个。"……孩子很快就能主动点数了，而且每次都是正确的。第二步，把车厘子和蓝莓放在一起，让孩子给它们分类，摆在两个不同的盘子里。第三步，摆出 1 个车厘子，2 个蓝莓，再 1 个车厘子，2 个蓝莓，把它们摆成一排，当你摆完第三个车厘子的时候，问孩子："妈妈接下来要摆什么呢？"如果孩子给出的答案是 2 个蓝莓，那你就可以放心了，孩子已经会观察规律，掌握简单的排序了。

这位妈妈照我说的做了，第二天就给我反馈："景老师，我家孩子可聪明了，都学会了。早上起床还问我，今天还摆车厘子吗？哈哈哈，原来我家孩子这么爱学习。"

同样一个孩子，能让他在一夜之间就有这么大的变化，是因为我们作为专业的老师，知道2～3岁的孩子还不到抽象思维阶段，拿着练习题，即使图案再丰富，他们也理解不了。只有让他动起来，还要有兴趣，孩子才能快速掌握。

为什么0～6岁的教育叫作"学龄前教育"？它是开始正式学习之前的准备阶段，就像你去砍柴，那是磨斧头的阶段。只有让孩子在这个阶段把各种习惯、能力、兴趣都准备好，到了小学以后的"砍柴"阶段，孩子才会效率更高，收获更大。

很多家长以为，学习知识就是重复训练，练得多了就会了。家长先在家里教一遍，老师在幼儿园里启蒙一遍，家长觉得不够，再去幼小衔接班学一遍，到了小学一年级，孩子还要再重复学一遍……

举个不太恰当的例子，这就像做饭：

第一遍教的时候，家长在家给孩子蒸了一碗香喷喷的米饭；

第二遍教的时候，在幼儿园，老师把蒸好的米饭做成了蛋炒饭；

第三遍教的时候，在幼小衔接班，老师往蛋炒饭里加点水，拌一拌；

第四遍教的时候，到了小学一年级，老师把饭回锅热一热，这饭还能下咽吗?

…………

孩子对学习是什么感受？就是一遍又一遍地炒剩饭，他还有兴趣吗？

家长们以为这样做孩子掌握得扎实，一年级能考 100 分。错了！还没等到 100 分，你可能先接到老师的电话：孩子上课不认真听讲，东张西望，玩橡皮，画画，跟同学说话……为什么呢？无聊啊，都会啊，还听什么呢？

那么，作为家长，我们就不能教孩子知识了吗？能！但是要有方法，应该如何给孩子更好的启蒙呢？

把学到的知识运用到生活中

比如，让孩子学数字，第一步，先教孩子唱数一二三四五六七八九十。

记不住？好，一首古诗就记住了：

一去二三里，
烟村四五家。
亭台六七座，
八九十枝花。

这样，他就能从 1 数到 10。

第二步，让他明白：用 1 个点，可以代表 1 个物品。1 个点可以代表 1 头大象、1 辆车、1 个人。

第三步，我们如果要数 10 个点、100 个点呢？太多点看不清楚怎么办？数字"1"就代表一个点。这就完成了从唱数到数量，再到数字的学习过程。

第四步，当我出示数字"1"，请取 1 个车厘子；当我出示数字"4"，请取 4 个车厘子……这时候孩子就会按数取量了。

接下来，如果小朋友 3 ～ 4 岁，能从 1 数到 5，那么每周给孩子 5 张 1 元的纸币，这是这周的零花钱。花完了，就要等到下一周。

有人会问："老师，孩子一次就花完了，哭着闹着还要钱怎么办？"

你要温柔且坚定地告诉他："没有就是没有了，要等到下一周。下次花钱，希望你算清楚。"

而且，在刚开始的阶段，建议分五天，一天给一张。拿着这 1 元钱，孩子会思考：我是坐 1 元钱的"摇摇车"，还是去买个棒棒糖？他就会开始数钱，脑子里想不买糖了，吃完就没有了……

用了景老师教的这个方法，有个中班孩子的妈妈说："我一星期给孩子 10 元零花钱。放学以后，孩子奶奶去接他，他再也不像以前一样大手大脚。他奶奶说，孩子拿着这 10 元钱，站在小卖部门口，想了半天，最后放在口袋里回家了。他开始会计算了，舍不得花自己的钱了。"

另外，孩子到了大班，可以给他 3 个存钱罐，分别是：要花的、要攒的、要分享的（给家人朋友买礼物的）。家长说："景老师，用这个方法，我家孩子现在可会管钱了。但凡东西贵一点，他就会说'妈妈，不划算'。他拿到 10 元钱，留 6 元钱作为这星期要花的，4 元钱是要攒的。"

在这个过程中，一定要让孩子明白什么是"需要的"，什么是"想要的"。

需求	需要的	想要的
饿了	吃饭	吃汉堡、炸鸡
渴了	喝水	喝可乐、果汁
冷了	穿衣	穿名牌球衣
……		……

家长可以这样对孩子说：吃饭是你"需要的"，但吃汉堡、喝可乐是你"想要的"；玩具是你"需要的"，但是重复买同样的玩具是你"想要的"。爸爸妈妈会努力工作，给你"需要的"。但是如果有"想要的"，你就要用自己的钱去买，比如零花钱、压岁钱，或者是你自己挣来的钱。

如果小朋友说，他想要一个新的变形金刚。爸爸妈妈可以把这个变形金刚的图片打印好，贴在存钱罐上，并说："加油宝贝，祝你早日达成心愿。"

如果孩子能管好这 5 ~ 10 元钱，到了大班上学期，请你每个星期给他 20 元的购物基金，让他每次去超市都有计划地购物：

这 20 元钱要买什么？购物回来，让他告诉你花了多少钱，买了哪些东西。这时候你就会惊喜地发现，20 以内的加减法，你家孩子基本上已经掌握了。

有些家长天天教孩子背"数的分解组成"，其实更好的方法是让孩子在生活里用数理知识解决问题。这样做也有助于孩子建立画面感和数感。他不需要背"10 能分成 3 和 7，3 和 7 合起来是 10"。他脑子里的画面是：我有 10 块钱，花 3 块钱买了贴纸，还剩下 7 块钱。

有位家长给我这样的反馈：孩子说，他学会了数学，就可以管好自己的钱，姐姐再也不能骗他的钱了，他还能攒钱买陀螺……

在生活中学数学，让孩子觉得"有趣"，也让他知道学好数学对自己"有用"，整个过程中孩子达成了愿望，觉得"我可以"。

这么看的话，数学启蒙难吗？

数学启蒙的过程，也是财商启蒙的过程。

有个大班孩子的妈妈按我说的，给孩子讲："把钱放在银行里，是可以生钱的，叫利息。妈妈帮你把今年的 2000 元压岁钱放到银行，你就可以得到利息。你可以选择三个月给你一次，也可以选择一年给你一次。"孩子听了很开心，就把压岁钱交给了妈妈。到了第二年春节，就有了 120 元利息。

妈妈还把这 120 元钱，换成了 24 张崭新的 5 元人民币，给了孩子。如果你给孩子一张 100 元和一张 20 元，或者给他转账到电话手表里，他是不是没有感觉？但是拿到 24 张 5 元钱，孩子是很兴奋的。

这位妈妈说："我孩子拿着钱说：'妈妈你辛苦了，给你发个红包；奶奶你辛苦了，给你发个红包；爷爷你辛苦了，给你发个红包。'他挨着给全家人，甚至保姆都发了红包……大家看到我都会说：'你怎么把孩子教得这么好？'我告诉他们，就是因为景老师告诉我，用好零花钱，不仅孩子财商高，而且对数学计算也有兴趣。"

看到了吗？这就是智慧的家长在生活里的启蒙方法。用这样的方法就会让孩子觉得，自己应该学好数学，管好自己的财富。家长是不是更轻松了呢？

孩子不想学的，不要强迫

有的家长热衷国学，就想让孩子从小接触中国传统文化。我的看法是：中国传统文化需要传承，这个想法很好。但是，有些人以为，让孩子穿着汉服，坐在案前背诵一些他们根本听不懂的、枯燥的文字就是学国学，就是继承优良传统。实际上，这不但污名化了国学，而且是在浪费孩子0～6岁的宝贵时间。

所以，让幼儿园小朋友去背《三字经》《弟子规》，我个人持保留意见。

即使想让孩子了解这些经典，也可以等他们上了小学，有了一定的阅读能力以后，让他们自己带着思考去看，这样才能取其精华，去其糟粕，才有价值。

对 0 ~ 6 岁年龄段的孩子来说，优质绘本、童话故事、儿童诗、简单的古诗、成语故事、民间传说、寓言故事等，都是符合他们年龄特点的。不仅孩子感兴趣，容易理解，还能帮助孩子在想象力、语言表达能力、逻辑思维能力等方面，得到大幅度的提升。

你们可以一起讨论，分角色扮演，画出自己的绘本，甚至续编结尾、仿编儿歌都是很好的选择。在这个过程中，孩子还可以进行简单的识字、组词、造句，不知不觉中就进行了启蒙。

还有家长说，小学要求背 100 多首古诗，幼儿园越早背完，小学越轻松。

家长们，通俗点讲：多大年龄就做多大年龄该做的事，这叫作教育的适龄性。既然教学大纲把这些诗歌放在小学不同的年龄段，那么一定有它的科学道理。如果孩子不理解，只是囫囵吞枣地背下来，会让孩子觉得学习枯燥，你这不是在培养学习兴趣，而是在扼杀学习兴趣。

与其着急地背诵古诗词，不如拿这些精力去和孩子进行一些看图说话的训练，帮助孩子有条理地表达，带孩子多体验生活，积累生活素材，这样做可能对未来学习的帮助更大些。

教育一定要遵循孩子的成长规律。孩子喜欢了，就学得快，学得好，就会主动学。切勿拔苗助长，一厢情愿地做些无用功，否则你和孩子都会产生挫败感。

比起提前学知识，对孩子而言，更重要的是培养一生的好习惯，保持好奇心，懂得规则，对学习有胜任力，会社交，这比让他提前学多少知识对他的人生影响更大。

我儿子的表姐，在全国青少年信息学奥林匹克联赛中排位第一，被保送清华。我从小看着她长大，看着她是怎么从一个两三岁的小宝宝变成了学霸。总结一下这个过程就是：她感兴趣的事情家人就支持她去尝试，她在尝试的过程中找到了胜任力，变得越来越有自驱力。

幼儿园的时候，她对围棋感兴趣，早上起床，外公已经在桌上把几个围棋的棋局摆好了。她一边喝牛奶，一边破棋局，乐在其中。

她看了美人鱼的童话故事，想学游泳，暑假时家人就每天接送她去泳池玩儿，玩着玩着，她就学会了。

每次家庭聚会，她都会带一本自己喜欢的书，大人聊天时，她在旁边看得津津有味。

她突然喜欢上了数独，旅行的途中就会自己静静地思考。

…………

也许有人会说，那是别人家的孩子，我们家的就是不喜欢学习。千万别有这样的想法，而且孩子不想做，一定不要强迫。把重点放在"发现"孩子的兴趣上，然后把"逼迫"成长变成"支持"兴趣，你就轻松了。

如果孩子总要面对一个接一个的挫败和指责，他不会爱学习的；但如果面对的是有趣和成就感，又有多少孩子会拒绝呢？

04

好习惯是一种自我驱动

好习惯是长期自驱的表现

　　曾有记者问诺贝尔奖获奖者彼得·卡皮查："对你一生影响最大的老师是谁？"他的回答让人印象深刻："我在幼儿园里学到了一生中最重要的东西：平时把自己的东西分一半给小伙伴；东西要放整齐；吃饭前要洗手；学习要多思考；要仔细观察大自然。从根本上说，我学到的东西就是这些。"没错，好习惯成就孩子的一生。

　　家长们，如果你还没有发现孩子的天赋、兴趣，那先行的一定是培养习惯，这是每个孩子学龄前共同的教养重点，无一例外。

　　而且你会发现，习惯和自驱力是两个相辅相成的存在。有自驱力的孩子，更容易坚持自己的习惯，同样，好习惯也是孩子具有自驱力的表现。

　　之前有位妈妈特别自豪地告诉我："景老师，我儿子每天早上 6∶30 起床，要认真地读 30 分钟的英文单词和识字教材。"

我问她："孩子喜欢吗？"妈妈说："孩子都坚持一年了，但是最近越来越抵触了。"

听到这里，你会不会觉得这是一个好习惯呢？

我说："好的是你的孩子已经有了晨读的习惯，家长和孩子也很有毅力，坚持下来不容易。但是有两点要注意：第一，请让他多睡会儿。不要为了所谓的好习惯剥夺孩子的睡眠时间。第二，为什么晨读只能读识字教材和英文单词呢？可以读些其他的内容。"

妈妈问我："那应该读什么？"

我说："你问孩子想读什么。"

妈妈说："孩子说：'妈妈，我可以读我的天文书吗？我可以读我的海王星、冥王星这些书吗？'"

我说："这不就是答案吗？"

后来妈妈反馈说："景老师，我们现在 7 点晨读，孩子读的都是他感兴趣的科普图书，孩子的识字量涨得飞快，比之前背识字教材好多了。关键是起床、晨读都不用我催，我只负责教他不认识的字，太开心了。"

是啊，以前孩子是为了迎合妈妈，才去晨读，因为妈妈觉得这样才能养成好习惯，上小学孩子才能更出众。但现在每天的晨读，他读的是自己喜欢的内容，遇到问题，就会问妈妈。孩子开启了自己升级的程序。

自驱力强的孩子有很多好习惯，不仅仅是依靠父母，而且孩子在展示自己自驱力的过程中，家长发现了他的这些特质，尊重了孩子，孩子自我管理的一个过程。那么，对家长而言，如何通过好习惯的养成，培养自驱力强的孩子呢？

我们来了解一下培养孩子阅读习惯、运动习惯、作息习惯、劳动习惯、学习习惯的具体方法。

陪孩子走稳人生第一步

不催不吼，孩子也能爱上阅读

现代人都将阅读当作学习的重要方式，很多家长希望培养一个爱读书的孩子，甚至把它当作衡量教育是否成功的标准。

但很多家长操之过急，以至于踩进了阅读的大坑。

第一，迷信专家的推荐。

有家长说，我买了好多绘本，而且都是经典绘本，孩子就是不看怎么办？

那些书是专家眼中的好书，是带货主播想在直播间卖给你的书，或者其他孩子喜欢的书，却不一定是你家孩子感兴趣的书。

所以，但凡有人问我三四岁的孩子推荐什么书？我都会说：不要问我，带孩子去看，他会告诉你答案。因为我没有见过你家宝贝，我甚至不知道他是男孩还是女孩，不知道他有什么爱好兴趣，我不能昧着良心就给你开书单，这是不负责任的。

就像著名的绘本《大卫，不可以》，有些人觉得这是一本很好玩的书，但也有很多小朋友第一眼看到封面上大卫的样子，就害怕地喊着：不要不要。

如果是幼儿园和儿童中心来问我，我会给它们提供推荐书目。因为经典就是经典，把上千本书放在那里，不同的小朋友都可以自己选择，发现自己感兴趣的内容。但是，我们作为一个家庭，没有必要把专家书单上的书都买回家，这是不理智的行为。

第二，盲目追求阅读量。

经常有家长在课堂上炫耀，自己的孩子才五六岁就读过了几百本，甚至上千本书。这会引来一众家长的羡慕。

但是，孩子是需要反复阅读同一本书的。他们不仅根据故事展开想象，更是在每一幅插画中，发现之前没有察觉的内容。对于孩子来说，每一遍阅读都是一次全新的学习。

首先，反复阅读绘本是孩子不断练习并记忆的过程。但是因为孩子还不能很好地自发性"复述"，所以通过爸爸妈妈的"复述"，孩子其实是在培养自己的记忆能力。

其次，反复阅读绘本是促进孩子语言发展最直接的方式。因为好的绘本的语言是简短、规范的表达性语言、交际性语言、情感性语言，孩子通过多次的聆听强化并丰富了自己的词汇，从而为语言表达奠定了基础。

所以，要想孩子真正把每本绘本都读好了、读透了，那就一定要反复阅读，不要盲目追求阅读量。

第三，把阅读当成早期识字。

有些家长在给孩子读绘本时，喜欢指着绘本上的字让孩子认，甚至是让孩子用手指着读，不断给孩子纠正，想让孩子在读绘本的过程中认识更多的汉字。

如果单纯从识字的角度来讲，这的确可以取得一点效果，但是很快你就亲手扼杀了孩子对于阅读的兴趣。因为孩子们会发现：这不是听故事，这就是一堂隐形的"识字课"，认错了还要被批评。你觉得他还会想阅读吗？

什么时候可以开始指读？当孩子认识了一些基础常用字后，他们会愿意主动在书里找他感兴趣的字，家长不要着急。

第四，喜欢在阅读过程中提问题。

有些家长喜欢一边讲，一边提问，想让孩子带着问题听故事。但是这样操作下来，孩子反而更记不住了。什么原因？

这像不像语文考试时的阅读理解题？为了让家长不生气，孩子只能在阅读的过程中把注意力放在别处，不记得故事情节就可想而知了。时间久了，孩子通常会认为，和爸妈在一起看书就是完成任务，要回答很多问题，渐渐地就会产生抗拒心理，拒绝再看书了。这无疑是在扼杀孩子的阅读兴趣，得不偿失。

父母可以和孩子一起讨论这个故事，倾听孩子的想法，走进孩子的内心，但前提是当孩子完整看完，有感而发时。

第五，急于求成，追求效果。

有家长听专家说，阅读绘本可以让宝宝与书中的角色相连接，培养孩子好习惯。于是，家长赶紧给不爱收拾玩具的宝宝买了一本有关整理的书，给不喜欢上幼儿园的孩子买了一本《爱上幼儿园》的绘本……

很快他们发现，孩子虽然非常喜欢故事书中的熊宝宝，但是当家长对孩子说："你看，熊宝宝多乖啊，会收拾玩具，你也要像熊宝宝一样，玩好后把玩具收拾好，好吗？""我不要！"孩子立即反驳。父母心灰意冷，觉得孩子就不是读书的料，读了也白读。

建议父母们放平心态，享受阅读。没有必要一定要急于见到效果，小树长成参天大树是需要一定时间的，在这段时间中，需要父母给他施肥浇水，在这个过程中父母要耐心地等待。

那么，我们如何通过阅读习惯，培养孩子的自驱力呢？

让孩子学会主动"阅读"

家长一定要分清，孩子主动"阅读"和孩子听故事、听书不是同一个概念。

现在很多家长都去买 APP 会员，买读书机，希望用机器来替代自己为孩子讲故事，我劝大家不要偷这个懒。为什么呢？原因有以下几个：

第一，听故事不能替代阅读，如果只听不读，根本就不可能发展阅读能力，听书再多也学不会自主阅读。

第二，听故事并不需要专注，而阅读必须集中精神，如果孩子从小只习惯不专注地听，就没有办法学会专注地阅读。

第三，听故事比较轻松，留意声音就够了，属于被动地输入，阅读则是孩子主动获取信息。在纸质书阅读的过程中，孩子是主动接受多感官的刺激，同时在大脑里形成自己的思考，他是主动去获取信息的。

如果你希望孩子主动探究自己感兴趣的东西，请不要长期依赖广播、录音、音频来替代你跟孩子的共同阅读。

让孩子自己选书

把孩子带到书店儿童区，去观察他在哪一个品类停留得最久，这就是他目前感兴趣的类目。哪一本书他看得最仔细，翻了最多遍，这就是他今天最感兴趣的书。

告诉孩子：为了表扬你今天认真看书了，妈妈（爸爸）买一本你最喜欢的送给你！什么时候你把这本书搞懂了，妈妈（爸爸）就再带你来看书，买新的书！

兴趣就是最好的老师，你会发现孩子开始不断地让你给他讲，一遍又一遍，还会给你提很多问题。那就证明这本书，咱们真的选对了。

我建议家长，如果是系列图书，可以先买一本、两本，不要着急买全套；

如果是月刊类的书，可以买过期杂志，孩子的书没有时效性，晚一个月就能省下很多；

如果喜欢的书太贵了，可以去看看二手书平台，多平台比价，会有惊喜；

…………

希望每个孩子都能读到自己喜欢的书，点燃阅读兴趣。

带孩子做书籍修补和做书

有些家长会给孩子买很多书。有些书出现了破损，买新的吧，没必要；扔了吧，太浪费；送人吧，拿不出手。这个时候，还可以通过其他的方法，让孩子继续阅读，并且更加热爱阅读。

修补破损的图书

如果孩子反复精读的"心头好"绘本烂了，你可以带孩子做一些修补图书的工作。

有家长给我反馈："景老师，你这个主意太棒了。孩子这个时候也是审美敏感期，以前书破了就扔掉了，因为二手书也卖不了多少钱，但现在，每当遇到这种情况，我们就带孩子在家里修补图书。一家三口齐动手，分工合作，不仅锻炼了孩子的动手能力，还增进了亲子关系。当把书修补完整的时候，孩子很有成就感，就更爱惜书了。"

在家里跟孩子一起做书

很多人可能理解不了，在家怎么做书。具体来说，有三种做法：

第一，根据读过的绘本，仿编绘本。

有一本绘本，叫《我家是个动物园》，讲的是不同家庭成员的特点。家长可以带着孩子，把家里每个人的照片找出来，由孩子口述，家长记录，照片加上整理后的文字，就是你家专属《我家是个动物园》的绘本了。

第二，将孩子的作品做成绘本。

孩子经常会天马行空地自己编些小故事，你可以记录下来。如果孩子有能力，可以自己绘画，为故事配上插图；如果能力达不到，就可以用剪贴的方式贴出画面来。适合中班以后的小朋友。

有些小朋友特别擅长绘画，那么可以让孩子定个主题，把自己心里的故事画出来，家长帮孩子把必要的文字写上去，装订好，就是一个专属绘本。

第三，给喜爱的绘本做个续集。

如果一本书已经被翻烂了，没有办法修补了，那就请孩子给这本书写个续集吧。把主人公剪下来，贴一贴，画一画，编成一个新故事，父母帮孩子把文字写上去，这就是一个新绘本了。

最后，我想送给大家一句话：热爱就会坚持，阅读习惯是可以陪伴孩子一生的。

给孩子一个真心热爱的运动

孩子在幼儿阶段，幼儿园每天要给他们提供 2 小时以上的户外活动时间。要培养孩子们热爱运动的习惯，因为这不仅关乎孩子的身体健康，还和孩子未来的发展息息相关，和孩子的意志品质、专注力，甚至团队合作能力都有密切的关系。

运动对孩子发展的影响

近期：增强体质，提高协调能力

幼儿园阶段的孩子养成良好的运动习惯，不仅能够刺激神经系统发育，增强免疫力，而且对于增强孩子专注力也有很大的帮助。

孩子大动作发展得好，就少生病，少请假，作为父母也轻松。同时运动训练了孩子的协调能力，孩子在未来各种文体活动中也不用担心没有参与机会。

中期：影响孩子的学业表现

很多家长只关心学习成绩，忽略运动习惯，到了初高中就开始头疼了。

首先，孩子缺乏运动，长时间学习，没做到动静结合，容易产生视力问题。

其次，现在每个阶段的升学考核，体育都占了很大一个比重。很多孩子从小不重视，到了中、高考冲刺的时候，才去重金补习体育，真的得不偿失。

再次，如果哪一项运动成了孩子的特长，可以影响他的在校表现，甚至成为他一生发展的方向。

远期：排解压力

放眼未来，如果孩子没有成为运动专业人士，运动成了他的兴趣爱好，那么，当他的工作生活遇到压力，他可以通过奔跑、打球、登山等运动习惯，排解生活的压力。所以，如果你想要孩子的生活张弛有度、丰富多彩，一定要让孩子从小养成运动的习惯。

两项必须学会的运动

运动习惯的养成，是一个相对长期的过程。虽然每个孩子的兴趣爱好会有差异，但至少有两项运动，我建议孩子在幼儿园毕业前学会。

第一，学会骑两轮自行车

你有没有发现，小时候学会了骑自行车，长大以后也不会忘记，哪怕十几年没有骑过自行车了，现在给你一辆自行车，一样可以骑上就走。它不像绘画、钢琴、舞蹈等，如果长时间不练，就会生疏。

一旦孩子学会，未来孩子到任何一个地方，它都是一个方便且环保的出行方式。此外，你也可以和孩子一起出去骑行、郊游。

第二，学会游泳

我一直建议家长们，孩子一定要学会游泳。主要原因有以下两个：

一方面，如果遇到危险，作为孩子，不需要舍己救人，但是他可以在不占用公共资源的情况下，先保护自己，再去向大人求助。在学习的过程中，他也能了解到水的力量，能够敬畏自然，远离危险水域。

另一方面，在社交场合，可以避免不会游泳的尴尬。我遇到过很多年轻人，喜欢举办泳池派对，如果你家孩子穿着牛仔裤坐在边上，或者身上挂个大大的游泳圈，就会显得很尴尬。不会游泳会影响孩子未来的社交品质。

性格兴趣不同，运动项目也不同

和成人不同，孩子选择运动，不是为了自律，而是为了快乐。他们的快乐不是来自内啡肽，而是来自运动带来的多巴胺。

之前有位奶奶向我求助说："景老师，孩子 4 岁前，我不认识你。我们在家抱孩子抱得多了，现在上幼儿园，老师反映他的腿部肌肉力量不足。我给他报了一个篮球班，他自己拍球没问题，可是一让他上场，就说什么都不去了。请问怎么能让孩子继续上篮球课？"

我说："阿姨，你的目的不就是想增加他双腿的力量吗？并不是只有站在运动场上，才叫运动啊！"

我给她的建议：让爸爸跟他玩警察捉小偷的游戏，问他是要当小偷还是要当警察。说定了以后，"123——开始！"你看他跑不跑，不仅跑，而且跑得停不下来。

或者，能不能给他养只小狗？晚上遛狗，但凡心爱的小狗在跑，他是不是也要追着跑？

你能不能带孩子去郊外爬树、爬山？

你们能不能带着他的小自行车，把车开到郊外，在乡间小道上一起蹬自行车？

这些都是锻炼腿部力量的游戏，玩的同时，身体也得到了充分的锻炼。

从上面的例子中不难发现，不同性格的孩子适合不同类型的运动项目，找到适合他们的，他们才会真心热爱运动，养成运动习惯。

老虎型：爆发力很强，喜欢对抗性强的项目

比如，打篮球可以争输赢，短跑需要爆发力强，一下子就能跑在前面，他很享受这种感觉。他没超过你，回家还会自己练，想要下次跑得比你快。老虎型的孩子非常有领导力，踢足球可以当队长，哪怕他的运动能力不是最好的，但他可以把团队凝聚在一起，激发大家的战斗力。组织能力强是他的优势。

孔雀型：爱表现，需要关注与表扬

街舞、啦啦操、体操等可以展示的项目，最能激发他们的兴趣。

当然这不绝对，要看你孩子的乐感和运动协调能力是否匹配。他需要很多人关注，很多人表扬，很多人的目光聚集在他身上。这种运动，他就很愿意参加。

猫头鹰型：我有我的节奏

如果你的孩子是猫头鹰型的性格，那么他需要有自己的节奏、自己的思考。适合他的运动有打网球、爬山、游泳等。他

活在自己的节奏里，不需要别人过度地表扬和关注，他的自律来自他骨子里对自己的完美要求，他是那种会自己默默努力的孩子。

考拉型：有趣还得有伴

考拉型的孩子，需要的不是运动带给他什么，而是和很多朋友在一起。在这个过程中，哪怕他是啦啦队员，喊一喊，他都能感受到运动的价值，因为他能给团队带来情绪价值。

我儿子的性格倾向于考拉型，他擅长游泳，我就给他办了一张年卡。他每次去游泳，都会叫上很多朋友一起。你觉得他是去游泳的吗？当然不是，他是去社交的。

可以看到，运动不仅是一种强身健体的方式，也逐渐演变成社交的新模式。对孩子来说，参与运动，是一举两得的事情，对孩子未来的成长大有裨益。

最后，我要送给大家一句话："你可以从一个人对于运动的热爱，看出他对生活的热爱，所以给孩子机会接触运动，养成运动习惯，就是在培养他热爱生活的方式。"

养成良好的作息习惯

经常有家长问我：景老师，孩子起床睡觉这么简单的事情也要单独提出来讲吗？我很负责任地告诉你：是的，不要小看作息，它对孩子的生长发育、学习习惯和行为习惯的培养，有很大的影响。

北京冬奥会时，有记者采访谷爱凌，她的妈妈从小给她报了那么多兴趣班，她的时间应该非常紧张，据说，她每次去滑雪训练场，都在车上睡觉、写作业，这是真的吗？谷爱凌说了一句话："我之所以能有今天的成绩，就是因为我很会睡觉。我从出生到现在，每天保证 10 个小时的睡眠时间。"

但是我们很多年轻的父母忽视了作息习惯的重要性，给孩子和自己造成了巨大的困扰。

作息不规律对孩子的影响

错过幼儿园晨间活动

父母熬夜，孩子也会跟着晚睡。熬夜的结果是：父母早上起不来，孩子也跟着起不来。因此就会迟到，在幼儿园吃不到早饭。（有些幼儿园提供早餐。）这样，不仅对孩子的身体发育不好，幼儿园每天的晨间活动和社交机会也错过了。不仅是学习内容有缺失，孩子的时间观念也不容易建立起来，迟到也成了家常便饭。

睡不够，就有起床气

很多父母有体会：自己早起上班，精神状态也许还好。但是孩子如果没有睡够，就会赖床，有起床气。美好的一天还没开始，就被起床气给摧毁了。工作、生活的节奏都会被打乱。

与幼儿园的作息不合拍

很多孩子从小没有午睡的习惯，到了幼儿园不仅自己睡不着，还会打扰别的孩子午休。结果等到下午大家精神很好，开始学习的时候，这些孩子就开始犯困了。有些情况严重的，老师要求家长中午把孩子接回家，等下午起床再送来，避免影响其他小朋友……如果这样的话，你给孩子选再好的幼儿园，是不是效果都会大打折扣？

睡眠不足对孩子的影响

睡眠不足，会损害海马神经元的功能，导致记忆力下降。

睡眠不足，会影响前额叶皮层功能，导致孩子思维缓慢，记忆、学习、自我控制等能力下降。大脑发育是个缓慢的过程，其关键期是在 0 ~ 6 岁学龄前阶段，但前额叶要到 25 岁左右才真正发育完善，而充足的睡眠是脑神经发育成熟的一个重要保障。

睡眠不足会影响内分泌及代谢功能，最明显的就是影响生长激素的分泌，孩子长不高。研究表明，孩子的身高 70% 取决于父母基因，30% 取决于后天因素。在这 30% 的后天因素中，睡眠对身高的影响排名第一。

睡眠不足是肥胖的高危因素，它会导致食欲调节的变化和食物摄入量的增加。相信大家都曾因睡不着，突然想吃零食、水果、点心、夜宵……这无疑会增加体重，孩子也是一样的。

睡眠不足更容易近视。研究发现，造成儿童青少年眼部植物神经功能紊乱的首要因素是睡眠不足，它比长时间看电视、在昏暗的光线下看书的影响更大。这也是近几年教育主管部门大力调整中小学早上上学时间和早读时间的原因。

睡眠不足会影响情绪调节，容易出现注意缺陷、多动障碍、情绪调节障碍、负面情绪增多等情况，更容易让孩子烦躁、发怒、冲动、消极、悲观，自我调节能力降低，也更容易让孩子出现行为问题。

那么，学龄前的小朋友要怎么睡才好呢？

睡眠时间对生长发育的影响

妈妈必须了解，生长激素是由人的脑垂体分泌的。它并不是24小时都在分泌生长激素，只有婴儿期是个例外。婴儿期时，不管白天还是晚上，脑垂体都在不断地分泌生长激素，所以1岁以前的婴儿，长得特别快。在这之后，生长激素在白天的分泌量就非常少了，大量分泌主要集中在晚上睡觉时。

其中，有两个时间段对长高至关重要：一个是晚9点至第二天凌晨1点。10点前后，生长激素的分泌量达到最高，可以达到白天的5 ~ 7倍。另一个是早上6点前后一两个小时，生长激素也有一个分泌小高峰。

要强调的是，生长激素并不是一到晚上9点，就开始大量分泌，它的分泌有一个必要前提：只有在你深度睡眠时才会发生。人一般在入睡后半小时至1小时，才会进入深度睡眠状态。也就是说，孩子睡得越迟，分泌的生长激素就越少，对孩子的生长发育越不利。

对此，专家给出的建议是：要想孩子长得高，最迟不要超过晚上 9∶30 上床，并在早上 7 点以后再起床。至于具体的时间，家长们可以根据自己孩子的情况进行调节。

那不同年龄段的孩子，晚上和白天的睡眠加在一起，应该睡够多少个小时呢？美国睡眠医学学会睡眠指南给出过相关数据：

4 ~ 12 个月婴儿：12 ~ 16 小时（包括白天的小睡）；

1 ~ 3 岁儿童：11 ~ 14 小时（包括白天的小睡）；

幼儿园阶段 4 ~ 6 岁儿童：10 ~ 13 小时（包括白天的小睡）；

小学阶段 7 ~ 12 岁儿童：9 ~ 12 小时。

对比一下，你家的孩子睡眠时间够了吗？如果不够，要抓紧调整作息时间，以免影响孩子的生长。

很多家长担心，孩子上小学后课业压力大，睡眠会更加不足。我建议：抓住幼儿园期间的宝贵时间，养成午休和早睡早起的习惯。

引导孩子快速入睡的五个方法

又有家长问："景老师，我把孩子睡觉的时间空出来了，可是到了晚上睡觉时间，他躺在床上翻来覆去睡不着，更别说中午让他睡觉了。这可怎么办？"

在这里，我给大家 5 个建议。

第一，让孩子充分地运动。

幼儿园里，受班级人数、个体差异，甚至季节、天气的影响，有时候无法满足孩子的个性化需求。那些精力特别旺盛、电量没有充分释放的小朋友，晚上就很难入睡。对这类孩子，家长接到家之后，可以带孩子到社区去做些跑、跳、投之类的剧烈运动，把他的能量消耗完，他就更容易入睡了。

第二，布置合适的睡眠环境。

在幼儿园，孩子午睡的时候，我们都会拉上遮光窗帘，调暗室内灯光，调整空调温度在 26 摄氏度左右，给孩子一个容易安静下来的氛围。有些小朋友很早就开始分房睡，建议家长注意孩子房间的小夜灯亮度不要太高，因为它会对孩子有影响，某些情况下，可以考虑用声控灯。

第三，给孩子放一些轻柔的音乐，或者睡前故事。

切勿在孩子睡觉前给孩子讲非常惊险的故事，或者看刺激的动画片和视频，导致他无法入睡。也不要在睡前给孩子做太多思维训练，这会让孩子的大脑停不下来，自然难以入睡。一些轻柔的音乐或是睡前故事，能够让孩子放松神经，更快地入睡。

第四，睡前少喝水、牛奶等。

有些家长喜欢睡前给孩子喝牛奶，说是可以帮助长高。这个真的因人而异。睡前喝水或者牛奶，孩子的肚子处于饱胀状态，往往很难入睡。睡前如厕，少喝水和牛奶，才是促进睡眠的正确做法。

第五，刚入幼儿园的孩子，给他一个安抚物。

年龄很小的孩子，往往需要抱着自己的玩具才能睡着。当孩子有这种需求时，幼儿园老师一般都会予以满足。回到家里也是一样，孩子抱着安抚物，会有安全感，入睡就会比较快。

在幼儿园午休时，如果用了上面几个方法，孩子还是睡不着，我通常会告诉他："不用着急啊，你就闭着眼，安静地躺着，不打扰别人就好。"在没有入睡压力和焦虑的情况下，孩子反倒更容易入睡。

说完了入睡，咱们再来看一下起床。

小朋友们起床的时候，往往有很多种表现：有坐在床上发呆的，有叫半天不起的，有发脾气哭闹的……

这些都和孩子的生理特点有关，孩子的大脑还在发育的过程中，让他从一种模式切换到另外一种模式，很难做到一秒钟切换，需要有个适应的过程，这就是孩子早上不想去幼儿园，晚上又不想走的原因。这种情况下，给孩子 3 ~ 5 分钟的反应时间：起床的时候可以提前 5 分钟给他们放活泼悦耳的音乐，允许孩子过渡一下，而不要一下掀开被子，或者设置一个刺耳的铃声。

三协法制定合理的作息时间表

聊完了睡觉和起床，接下来咱们一起来看一下，如何制定合理的作息时间表。

从科学的角度来说，不同的年龄段有不同的方法。

0 ～ 3 岁，主要由父母主导，母亲是权威角色，父亲做好协助工作。

3 ～ 6 岁，孩子开始有自己的独立意识，应该让他作为一个平等的家庭成员，跟家长一起协商制定作息时间表，这样孩子更加有积极性，愿意参与进来，而且习惯的养成也更加高效。

6 岁之后，家长要鼓励孩子自主地设计作息时间表，家长负责监督完成就可以了。和孩子一起协商时间安排，协助孩子做好作息时间表，协议如果在 21 天内坚持并完成，应该奖励，反之惩罚。协商，协助，协议，这叫"三协教育法"。

当孩子完成了作息时间表中的任务，家长就以兴趣资源为奖励。比如，爱踢球的孩子，奖励他新的球衣、球鞋等。如果孩子完成不了，可以减少他的自由活动时间。

好的习惯是成功的一半，当孩子有非常好的作息规律之后，你会发现孩子更加懂得自律了。

在孩子成长的不同阶段，父母的教育是需要讲究方法方式的。0 ～ 3 岁拽着走，3 ～ 6 岁拉着走，6 ～ 9 岁推着走，到了 10 岁看着走，10 岁之后望着走。

这里，我要说明的是，因为每个家庭的情况不同，我不会给大家一个固定的作息时间表，我更建议家长和孩子用"三协教育法"一起做一个打卡表格，只要孩子按时达成周一到周五的目标，就可以做一次结算。要提醒的是：周六可以是唯一特殊的一天，你要给孩子一个自由支配的时间段。

主动做家务的孩子，自驱力都不差

一组关于各国中小学生日均做家务时间的数据显示：美国学生日均做家务时间为 72 分钟，韩国 42 分钟，法国 36 分钟，英国 30 分钟，而中国只有 12 分钟。

为什么中国的孩子做家务的时间少？

现在的孩子从小生活在优渥的环境里，爷爷奶奶疼，爸爸妈妈爱。跑跳怕磕着，打球怕碰着。在家长们无微不至的照顾下，孩子几乎只要做好学习一件事。做家务这种简单的日常活动，对很多孩子来说已经成为一种奢求。

孩子该不该做家务

关于让不让孩子做家务，每个家长会有各自不同的理解。让或不让，都有各自的理由。

眼下比较普遍的情况是，为了让孩子努力学习，家长把家务活全包了。这类家长喜欢跟孩子说"为了你，妈妈工作都不要了，每天在家操持；为了你，我从 100 斤变成 140 斤；为了你，我都好久没跟朋友出去了"。这些话的背后，无非是想告诉孩子，你不好好学习，对得起我吗？

实际上，这都是家长自己的选择。打着"让孩子好好学习"的旗号，剥夺他的劳动权利，又在孩子面前抱怨式地强调自己的付出，这又是何苦呢？让孩子分担一部分家务，双方的心理负担是不是都能减轻一些？

另外一种情况是，为了培养孩子的独立能力，家长让孩子承担一部分家务活。这种情况下，矛盾依然难免。孩子刚刚接触家务，一切都不熟练，即便家长在旁边指导和提醒，孩子还是有可能做得一团糟。家长发现自己还得再收拾一遍，便让孩子停下，宁可让他一边待着。

没有人是一出生就会做家务的，既然想让孩子独立，家长就应该给他成长的空间和时间。保持耐心，静待花开，孩子会给你不一样的惊喜。

还有一种情况，是三代人一起居住。爸爸妈妈让孩子做家务，爷爷奶奶心疼孩子，于是都包办了。爷爷奶奶这样做是爱孩子，但是孩子不劳而获，对他未来的成长、价值观的形成，都会有负面的影响。

家长的越俎代庖，不仅让孩子丧失了锻炼的机会，也让他对父母的权威性产生怀疑。表面看是爱孩子，其实是把孩子往"火坑"里推。

我一直认为，让孩子做家务是有必要的。这不仅对孩子的自驱力形成推动作用，也符合目前的整体发展趋势以及劳动课程标准。

《义务教育课程方案和课程标准（2022年版）》中，增设了义务教育劳动课程标准：在义务教育阶段，中小学课程中，劳动课程平均每周不少于1课时，劳动课程内容分为日常生活劳动、生产劳动、服务性劳动三大板块，共设置十个任务群，每个任务群由若干项目组成。

日常生活劳动板块：包括清洁与卫生、整理与收纳、烹饪与营养、家用器具使用与维护四个任务群。

生产劳动板块：包括农业生产劳动、传统工艺制作、工业生产劳动、新技术体验与应用四个任务群。

服务性劳动板块：包括现代服务业劳动、公益劳动与志愿服务两个任务群。

在不同学段，各任务群的内容要求会有所不同。未来，劳动素养的评价，将会和其他科目一样，纳入学生综合素质评价体系，计入升学考核。

我们的教育改革越来越和国际接轨，孩子们在劳动上也该投入更多。

做家务对孩子的六个益处

作为劳动的重要组成部分，做家务对孩子是大有益处的。

第一，让孩子更独立。

孩子学会"自己的事情自己做"，不管是整理玩具还是打扫房间，或是做其他家务，这会让他意识到，爸妈做的事他也能做到。这个过程会让他意识到自己也是有自理能力的，这样才能从父母"领着走"过渡到靠"自己走"。即使未来孩子住校或是离开家乡读大学，他也能照顾好自己的生活，父母也会更放心。

第二，让孩子更有成就感、更自信。

当孩子把杂乱的玩具收拾整齐、把桌子抹干净，他们会产生强烈的自豪感和愉悦心情。在幼儿园，中大班的小朋友能很好地完成这些工作，他们非常踊跃地当值日生，为大家服务。这种心理和行为源于他们的成就感，对孩子的成长非常重要，会让孩子更自信。

第三，让孩子心灵手巧。

研究表明，在 0 ~ 6 岁孩子身上，能影响他智力发育、大脑发展的第一要素就是双手，没有任何活动能像家务活那样，无时无刻不在锻炼孩子的双手。

以整理书柜为例，在整理的过程中，孩子首先要通过双眼进行观察，将书籍分门别类；其次要用双手，把书籍按从小到大、从薄到厚的顺序码放整齐。

眼手的协调活动促进了左右脑的开发，正所谓"心灵手巧"，手巧会促进心灵，心灵又带动了手巧。

第四，培养孩子的自我价值感和责任感。

在父母做家务时，孩子其实特别喜欢帮着一起做。让孩子做一些力所能及的事，比如扔垃圾、叠衣服、摆碗筷等，他们会觉得自己是家庭成员的一分子。孩子做完后，家长夸奖他们，他们又觉得能替父母分担家务是件骄傲的事情。

对于平日忙碌的家长，和孩子一起做家务也是亲子互动的好机会：一起种盆栽，教孩子认识不同品种的植物，感受种植的快乐；一起择菜洗菜，教孩子认识更多的蔬菜，享受烹饪的乐趣。不知不觉中你就会发现，孩子长大了，都能做你的好帮手了。

第五，让孩子更懂感恩。

很多孩子不觉得父母每日做家务很辛苦，也不感恩父母的养育。面对每日的饭菜，他们会因为没有自己喜欢的菜或味道不好而大发脾气。让孩子参与择菜、洗碗、打鸡蛋等过程，亲自下厨体验做饭的辛苦，他们才会明白那些香喷喷的饭菜不是不劳而获的，进而懂得父母的付出，懂得感恩。

以前我们班有个小朋友非常挑食，她怕老师发现她挑食，会把自己不吃的菜偷偷放到别的小朋友碗里。于是，在不当班的时候，我去班里带着她到学校伙房门口，跟大家一起择菜、剥豆子、剥蒜等，中午，我让她给大家介绍当天的食谱，她满脸放光地说起厨房的爷爷有多辛苦，自己有多辛苦，今天的饭菜多有营养，多好吃……为了让小朋友把饭吃完，不要浪费，她一边吃，一边说真好吃，别提有多可爱了。

第六，让孩子更有领导力。

做家务的过程中，孩子们经常遇到意料之外的情况，比如给宠物洗澡，宠物经常不配合，想完成任务，就必须开动脑筋让宠物安静下来。从这个角度说，会做家务的孩子更有规划性和条理性，他们的执行力和号召力强，会是老师的得力助手。

我儿子是个考拉型性格的孩子，对于做班干部这件事，没有一点想法和冲动。小学前五年，他做过的最大的官就是"图书管理员"和"花草管理员"。但因为经常整理自己的书架，和我一起浇花施肥，他把班上这两个区域管理得井井有条。

引导孩子做家务的几个小技巧

做家务有这么多好处，但让孩子真的去做，甚至是做好，还是有些难度。那么，如何引导孩子做家务呢？我有几个小技巧，可以分享给大家：

我们一起呀

小朋友很小的时候，对家务就有模糊的意识，例如看到爸爸妈妈扫地、收拾东西、抹桌子、煮饭等，他会觉得，原来家里的大人都会做家务。

重点不是家长"教"小朋友去做，而是让做家务很自然地发生。家长抹桌子时，不妨给小朋友一块抹布，跟他说："你抹这儿，我抹那儿，一起呀！"小朋友听到"一起呀"，就会觉得家务是一起做的，而不是额外赋予的一件事。

多用"一起呀"，可以吸引小朋友参与其中。

列家务清单

引导孩子做家务，不是父母简单地给孩子下指令，而是和孩子一起探讨，家里的哪些事需要他帮忙，或者他可以通过努力做到，然后给孩子一个明确的任务清单。

如果是自我服务，比如整理自己的玩具、图书，不用奖励，口头表扬就可以了；如果孩子帮助卖家里的废品、每天去倒垃圾，家长可以适当地给一些奖励，比如游戏时间、新书、新玩具等，而不是钱。

如果他长大帮你洗车、染头发，确实帮家庭节约了一笔开支，那么你可以拿出一部分钱做奖励。为自己的家庭服务，是每个家人应该做的，但用自己的劳动帮家里节省开支就可以得到报酬。

给孩子提供合适的工具

根据经验，工具往往更能激起孩子做家务的欲望，比如小扫帚、小垃圾斗、小围裙、小罩袖、小水壶、小手套等。父母可以告诉孩子：这些工具是你专用的，别人都不能用。

因为这些儿童工具颜色相对鲜艳，孩子用着也顺手，给孩子一种玩过家家时角色扮演的感觉，他们当然很喜欢，觉得自己被尊重，是个大孩子了，就更喜欢做家务了。

规定大扫除时间

与孩子约定一个全家一起大扫除的时间，比如每周六的上午，到时让孩子一起参与，全家总动员，共同做家务。还可以加些仪式感，比如做完之后，全家人一起吃冰激凌庆祝，或者玩亲子桌面游戏等，以此让孩子对大扫除充满期待；再或者，把他劳动的场面发到朋友圈，老师和亲友们的点赞会让孩子很开心。

另外，和孩子约定一个每天整理自己物品的时间，比如晚饭后，告诉孩子"你一完成那些家务活，就可以去玩了"，"你一整理完明天要穿的衣服，就可以去看书了"，这种"一……就……"的句式可以鼓励孩子。他们有了动力，就会加快速度，减少拖拉磨蹭。

关注孩子的贡献

父母要主动关注孩子做了什么，而不是家务活完成的质量。孩子年龄小时，往往事情做到一半就会失去兴趣，这时，父母要感谢他已经做完了一半，而不要执着于让他完成所有的事情。

比如，你让3岁的宝宝整理自己的玩具，满地的积木一个个收会很辛苦，这让孩子很苦恼，你不妨告诉他："宝宝整理得真用心啊，都收完一半了，来，我们把玩具筐抬过来，试试看，会不会更快些。"然后，你跟孩子一起把玩具归位。

最后，你可以给孩子一个拥抱，或者一张小贴纸，以此肯定孩子的贡献，下次他就更有动力了。

发生意外，专注于如何解决问题

任何事情都可能出现意外，做家务也是如此。比如，孩子把饮料洒到了地上，父母可以启发式地问孩子："宝贝，要怎么做才能解决这个问题？"让孩子思考，是用餐巾纸，还是用抹布，或者是用拖把？让孩子按照自己的方法试试看，如果无效就鼓励孩子试试别的方法，由此可以帮助孩子从错误中学习。

这种自己总结出来的经验，与家长一边啰唆一边自己处理带给孩子的帮助，可谓天壤之别。因为你啰唆和责骂时，他关注的重点是你暴躁的情绪，却没有从中学会解决问题的方法。所以，出现意外，家长不要急着亲自处理，也不要责骂孩子，请家长们引以为戒。

孩子的家务要适合他的年龄

不同年龄的孩子，身体、力量条件都有所差异，做什么家务要依实际情况来确定。比如，两三岁的孩子可以收拾玩具、扫地、叠毛巾袜子等，四五岁的孩子可以摆放餐具、喂养宠物、倒垃圾等，再大一些的孩子可以遛宠物、照顾花草、换床单等。把孩子们可以胜任的事情交给他们做。

父母对孩子要有耐心

就像我们接触任何新事物都需要适应一样，孩子做家务也需要练习的过程。父母要花时间训练孩子，并和孩子一起做，直到他们学会做某项家务。而且，即便他们已经可以独立做某项家务，在他们需要的时候，父母也要提供帮助。当然，如果孩子没有主动寻求帮助，父母不要插手。

比如，我儿子第一次学煎蛋。看到爸爸煎培根和鸡蛋，儿子很想自己试试。我先生就在旁边手把手地教他，每一个步骤都演示给他看，直到他可以独立完成。儿子一直让爸爸站在旁边，说："老爸，你还是站我旁边，这样我踏实一点，我担心安全问题。"我先生就在旁边看着他，防止出现意外，两个人还时不时地交流，水滴进去了怎么办？油点燃了怎么办？

直到现在，虽然儿子已经能独立完成很多家常菜，但他依然喜欢爸爸站在旁边，哪怕只是陪着他，或者偶尔帮他打下手，儿子都觉得很开心。这成了他们彼此都很享受的亲子时光。而我，真的不擅长做饭，但我擅长表扬和拍照发朋友圈。

最后，我想跟家长们说，孩子学做家务，从来都不是一蹴而就的，父母的陪伴，是孩子最大的力量源泉。耐心点，孩子的主动性就会展现出来。

自主学习，孩子不再拖拖拉拉

　　一般来说，自主性强的孩子都有一些显著的特点。这些特点是他们在长期的学习中形成的，对自己的学习和成长都有很大的助益。

　　我身边就有很多这样的孩子，从他们身上，我能看到很重要的三点：第一，会规划自己的学习；第二，有很强的时间管理能力；第三，能从成功中总结经验。

　　与他们相比，那些自主性不够的孩子，又是因为什么才变成这样的呢？

　　最核心的原因，我觉得有四点：第一，父母干涉太多，孩子没有自主权；第二，做错了，父母安排加练；第三，不管作业写没写完，都有新任务；第四，周围干扰太多，影响孩子专注力。

　　以"父母干涉太多，孩子没有自主权"为例：

很多父母，孩子一回来就问，今天作业是什么？孩子说，语文、数学。父母说，吃饭前写完语文，吃饭后写数学。

家长朋友们，那是孩子的作业，不是你的作业。正确的做法是，写作业前，父母和孩子沟通，让孩子告诉你，今天有哪些作业，他打算先写哪个，再写哪个。父母只要表示支持就行，让孩子自己去规划时间。

那么，我们应该如何帮助孩子自主学习，让他们不再拖拖拉拉呢？

三面墙：书墙，白（黑）板墙，运动墙

第一面墙：书墙

很多家庭一进门就能看到电视机和电视墙，对面则是沙发，这意味着家里最舒适的事情是坐在沙发上看电视、玩手机和平板电脑。但现在，有的年轻父母开始把电视机移到主卧室，把电视墙改成书架，把孩子常看的书放在书架下面，这样孩子随时可以拿到书。

但如果你的现实条件不允许，也可以用以下方法代替。

方法一：给孩子一个属于自己的书架或者书柜，让他逐渐积累自己的阅读素材，也可以放上孩子的奖状和奖杯，用来激励孩子。

方法二：在沙发旁或者家里任何一个角落，放一些孩子随手可以拿到的书。比如，沙发旁放置一个小的杂物筐，里面放上孩子和大人的书和杂志，父母回家之后，可以随手拿本杂志翻翻，你会发现，这样的行为比上任何绘本阅读班都能激发孩子的兴趣。

方法三：在家里的一个角落，给孩子做个小小的阅读区，放上他的小书架，在地上铺块小地毯，或者放一张舒服的儿童懒人沙发。飘窗下或者封闭阳台都是很好的选择，不要求孩子必须端正地坐着看书。相信我，用最舒服的姿势看书，就是最好的体验。你可能会担心孩子近视，但比起孩子玩游戏和看电子产品，是不是读书更值得推荐？

第二面墙：白（黑）板墙

这面墙的重要性仅次于书墙，你要给孩子留一面墙用于书写绘画，哪怕只是一块简单的黑板。放哪里？怎么用？我来告诉你。

你可以在家里找一面空白的墙，挂上白板或者黑板，也可以直接购买磁性白（黑）板贴，拆卸方便。

它能发挥的作用，有以下几个：

第一，低年龄段的孩子可以在上面涂鸦绘画。告诉孩子，这块板子上才是他画画的地方，其他的墙面上坚决不可以。有了界限，妈妈也省了很多打扫的麻烦。

第二，上幼儿园后，这里可以贴孩子的作品，家长也可以让孩子在这里学习拿无尘粉笔练习控笔和书写大的数字。

第三，孩子开始学习知识后，最好的检测方式不是考试，而是你搬个板凳演学生，让孩子做老师，而这面墙就是孩子的黑板。教你唱歌，他就顺带复习了；教你计算，他就理解更透彻了；给你讲故事，你就知道孩子的表达能力发展的程度了。

第四，你可以把孩子在学校或家里打卡的表单贴在这面墙上，方便孩子每天自己去勾画。

第五，你可以把你们家里不断完善的家规写好，贴在上面，提醒全家人都要遵守。

第六，你可以把学校的通知写在上面，出门前看一眼，孩子不粗心，妈妈不慌乱。

第七，你可以把孩子经常写错的字或拼音写在上面，孩子每次路过看一眼，很快就能记住了。

所以，家长们，给孩子一面白（黑）板墙吧。小举动，却有大作用。

第三面墙：运动墙

这是我儿子在家里的体育空间。上初中了，要考引体向上，所以我们在门廊处给孩子做了个单杠。那幼儿园小朋友的运动墙可以怎么做呢？

第一，划出一块测量身高的地方，贴上一把身高尺，每个月给孩子测量身高，方便家长掌握孩子的身高发展情况。

第二，你也可以像我一样，给孩子准备一个单杠，不需要打膨胀螺丝，只要有门框就可以使用。单杠的高度可以随着孩子的身高去调节，不仅可以帮助孩子锻炼身体，而且肌肉力量强了，孩子才能适应小学长时间端坐的挑战。

第三，你可以在墙上装一个小朋友都喜欢的"跳高摸高器"。不占地方，自己还能报数。

第四，如果家里有院子或车库，你不妨给孩子安装一个篮圈，让孩子可以练习运球投篮。毕竟篮球是可以选考的项目，考的就是运球过障碍，咱们这样，玩着玩着就做了准备。没有条件也没问题，你可以考虑给孩子买个可移动的篮球架，把它拉到空地上，让孩子邀请同伴们一起打比赛。

冷静角

如果我们和孩子一起立了家规，孩子明知道底线在哪里，却又破坏底线，那可以给他相应的惩罚，但不是打骂。我可以给家长们一个建议：在家里建一个冷静角。

很多蒙氏幼儿园和国际幼儿园，都有一个冷静角。

我的儿童中心有一张红色的小椅子，它就是我们的冷静角。如果老师和小朋友一起定了规则，但是某个小朋友违反了，影响到了大家，那好，这个小朋友现在不可以参与游戏了，只能坐到小红椅子上看大家玩。至于是 5 分钟还是 10 分钟，根据大家事先定好的规则来。

这么做，其实就是让孩子安静下来去反思。小朋友们很可爱，他们知道这个椅子意味着什么，所以下课的时候宁可没椅子站着，都不愿意去坐那张红色的椅子。

对于低幼段的小朋友，我的建议是，家长们买一把红色的小椅子，放在家里。用这个方法试试，有没有什么好的效果。但是，建立冷静角，需要注意两点。

第一，冷静角旁边不能有玩具、图书和电子产品。

冷静角是让孩子反思的地方，有这些东西就变成了坐椅子玩玩具，或者看书也成了惩罚。

第二，家人平时不要去坐小红椅子。

那是反思的椅子，犯错误才坐的，是规矩，不要来了客人椅子不够坐，就让家人去坐，这会破坏孩子心里的秩序感，造成麻烦。

游戏区和流动书桌

想让孩子自主学习，需要不断给他激励。在某些时候，劳逸结合是很重要的。家长不仅要给孩子布置书桌，让他更好地学习，还要给他一个游戏区，让他更好地休息。

那么，孩子的书桌应该如何放置呢？

按照传统的做法，大家会把书桌放在孩子房间里一个对着窗户、明亮、固定的地方。对三年级及以上的孩子，这样放置问题不大。可是对三年级以下的孩子，这就有待推敲。因为一、二年级的孩子专注力有限，很容易被窗外的风景吸引，这对养成好的学习习惯是非常不利的。

在这里，我向大家介绍一个来自日本的概念——流动书桌。

日本的一位教授和一个建筑咨询公司，一共调查了200多个学霸家庭，发现了孩子学习的一个秘诀。那就是不要把孩子关在儿童房里写作业，最好让他在全家人能随时沟通的地方读书、写作业。

如果留心观察近几年的教育转变，你就会发现，死记硬背的题目越来越少，而描述性的问题逐渐增加。怎么锻炼孩子的独立思考和表达能力呢？那就是多和家人沟通，多表达自己的看法。

把孩子写作业的地方从儿童房搬到客厅、搬到餐桌，父母可以一边做家务，一边照顾孩子的学习。对孩子来说，在父母身边学习，让他感觉到自己的认真努力可以被父母看到，就会更自信，更愿意主动学习。

另外，很小的孩子独自在一个空间里，很难保证他的专注度，但在一个公共空间里，他会有自律心理，因为别人在看他。而别人发出了什么声音，做了什么动作，以及从他身边经过，其实都在训练他的专注力。

有了学习的地方，当然也要有游戏的地方。而且，这个地方是专属于孩子的，别人不能随便更改或者打扰。

既然要孩子学会自主，就要尊重他的独立空间意识。这有利于呵护孩子的自我界限感，对孩子专注力的发展非常有好处。同时，有利于培养孩子的动手能力，让他学会玩完东西放回原处，养成自我管理的好习惯。

当然，有一点要提醒家长们注意，游戏区一定要远离孩子的书桌。学习和游戏交替进行，这是劳逸结合，但是两者不能混淆在一起。否则，就会学也学不好，玩也玩不好。

最后，我想告诉大家，很多家长总想着研究学习方法，往往花了钱、使了劲、买了东西，孩子的学习效率非但没有提升，反而变得拖拉、磨蹭，这都是家长过度干预带来的结果。家长只要干预，势必会破坏孩子的专注和主动性。

最好的方式是，通过环境的打造无形地影响孩子，从而帮助孩子更好地自主学习、自我管理，并且爱上学习。有了环境，有了父母的支持，剩下的就是让孩子做最好的自己。

05

内在动机是社交
的原动力

社交的原则和方法

经常有人问我："老师，我们家孩子为什么见了陌生人不说话、不打招呼？他为什么这么害羞？"这其实都是家长教出来的。

有些家长给孩子从小就看绘本，告诉他："不要跟陌生人说话。因为陌生人会伤害你，会把你拐走，会让你永远见不到爸爸妈妈。"孩子很听话，就记住了。

结果，在社交场合，家长带着孩子去见同事、朋友，他们跟孩子打招呼了，孩子会纠结于要不要有所回应，要不要和他们说话。为什么？因为他们虽然是家长的熟人，但对孩子来说却是陌生人。

见孩子不说话，家长赶紧说："不好意思，我家孩子很内向、有点胆小。"孩子明明鼓起勇气想开口了，又被家长贴了个标签，直接堵回去了。那好吧，孩子索性就闭嘴不说了。家长的同事、朋友表示理解，说："没事，孩子胆小很正常。"孩子心想：你们都说我胆小，那我就是胆小，以后都不用跟别人打招呼了。

所以，家长一定要知道，大多数孩子不是天生内向，而是你们的教育让孩子不愿意跟别人说话。

要告诉孩子，不管什么人跟你礼貌地打招呼，即便不愿意用语言表达，你也可以点头、微笑、摆手、比心，或做小鬼脸，都是做出了回应。哪怕他是你的敌人，他给你微笑，你也要礼貌回应，这叫风度。

当然，也要让孩子知道，真正需要注意的是那些"狡猾的大人"。怎么知道他是不是狡猾的大人？家长可以这样对孩子解释：如果有很多人在场，他不向大人求助，却要请求你的帮助，这人一定是狡猾的大人。比如，你在小区玩，有人跟你打招呼，你礼貌地回应了。他接着问你："小朋友，你们小区的超市在哪里？能不能带我去？"这时，你要提高警惕，旁边明明有奶奶、阿姨，为什么不去问她们？你千万不要再理他，立刻回到爸爸妈妈身旁。

这样，孩子既做到了大方回应，又保护了自己。

孩子社交发展的四个阶段

在此基础上，家长需要知道孩子社交发展的四个阶段。

第一个阶段：独立游戏

0 ~ 2岁，小朋友所有的玩耍都是独立的，他会独自和玩具互动。比如，在口部敏感期，他会把东西放在嘴里咬，却不会给家长；会咬自己的小脚丫，但不会和其他小朋友一起玩。在做这些事情的过程中，他会验证自己的猜测是否正确，由此逐渐建立自信。家长要做的，就是给孩子创造一个安全的环境。父母在此阶段别急于让孩子去社交，更别强迫孩子去分享，而是要放轻松。

第二个阶段：平行游戏

2 ~ 3岁，也就是进入幼儿园前后，孩子进入平行游戏阶段。很多家长开始着急：为什么孩子都上幼儿园了，还是一个人玩？我家孩子是不是有自闭症或者社交障碍？实际上，这在平行游戏阶段是很正常的表现，虽然三个孩子在一起玩沙子，看着像是在互相观察、模仿，但是到动手的时候，中间就像有堵无形的墙。虽然孩子不会马上就开始社交，但已经进入准备阶段了。

若孩子间有矛盾和争执，父母不要批评和指责孩子，而应正确地引导他们，教会孩子基本的社交规则。

第三个阶段：联合游戏

3～4岁，孩子到了物权意识敏感期。他们知道通过交换、等待、分享，可以和别人建立友谊。比如，你们都在画画，孩子的红笔没水了，他会问："你的红笔用完了吗？我的红笔没水了，你用完，让我用用你的。"或者，他会把需要画成红色的部分先空出来，等最后再去拿你的红笔用。这个阶段，他已经开始尝试合作，但这时的合作仅限两个人之间。这个阶段的孩子已经适应了周围有同伴的生活，他们也需要拓展自己的社交圈。

第四个阶段：合作游戏

4岁以后，孩子进入合作游戏阶段。这时的小朋友彼此之间是平等、有秩序的，他们会互相分享、互相合作，达成一个统一的目标。比如，在沙池里，几个四五岁的小朋友就不会像两三岁的小朋友一样，自己堆自己的城堡，而是有一个共同的目标——你堆一个城堡，我堆一个城堡，最后咱们把它们连在一起。

孩子在不同的社交阶段，会有相应的不同表现。家长们要遵循规律，不要过分着急。为了帮助孩子更好地社交，父母应该做到以下几点。

让孩子懂得社交原则和礼仪

幼儿园的小朋友，几乎是人生中初次交朋友，一定要明白三个原则。

第一个原则：平等

3 岁之前，小朋友在家往往是全家人围着他，受到各种宠爱。有时候孩子打了爷爷奶奶，他们还笑着说"劲儿真大"。而且，在物权意识敏感期没到来之前，他们觉得爸爸、妈妈、老师都是自己的，所有的东西自己想拿就拿。这其实是不平等的社交环境，会导致孩子建立错误的因果关系，到了幼儿园成为小霸王。

上了一段时间的幼儿园，孩子才发现：原来这不是我家。不是我一哭，小朋友就会把东西给我。不是我一发脾气，老师都听我的。他会发现，想跟小朋友和平共处，就要保持平等，不能让别人迁就自己，不能让别人因为自己的情绪改变规则。

第二个原则：等待

在家里，孩子一般不需要等待。饭桌上，哪怕有老人，还是先把他的小碗搁到餐椅上；出去玩，他也总是第一个。家长还天天表扬他，穿鞋第一名、吃饭第一名。到了幼儿园，他会发现，有比他跑得快的，有比他吃得干净的，有比他穿衣服穿得利索的，有比他学东西学得更快的。他慢慢就会意识到，没有人让着自己了。

想喝水，不能插队。因为但凡他插队，别的小朋友不愿意，就会举手告诉老师。

喜欢某个玩具，要排队玩，不能抢。因为他抢过一次，对方教训了他。

这些规则，家长不用教孩子太多，到了幼儿园，自然有比他能力强的孩子，用事实直接给他教育。

第三个原则：分享

4 岁左右，孩子进入物权意识敏感期，这时可以教孩子，在满足自己的需求以后，把一份快乐变成多份，学会分享。

比如，小朋友去玩沙子，忘了带铲子。家长可以鼓励他："你跟哥哥说，我能用一下你的小铲子吗？"如果小哥哥愿意借，家长就告诉孩子："看到了吗？哥哥有一个多出来的铲子，就借给你玩，跟你分享。这就叫把一份快乐变成多份快乐。"

我孩子三四岁时，他的朋友要到家里做客。我把买来的草莓洗好后让孩子尝了一个，然后问："好吃吧？"他点头说是。我又问："等会儿毛毛和彤彤来咱家玩，你愿不愿意让他们尝一尝？"他又点头。等小朋友们到了我家，他真的像小主人一样，端着草莓给大家分享。

孩子的朋友走了之后，我对他说："宝贝，你长大了，都会分享了，你在满足自己之后，让两个小朋友变得更开心了。他们都在表扬你、感谢你，这种感觉好吗？"

我会鼓励和表扬孩子的分享行为，但前提一定是，在满足自己的需求之后。我是坚决不准幼儿园阶段的孩子"孔融让梨"的，因为这容易让孩子形成讨好型人格。这种讨好是牺牲自我的，这样的人生是不完美、不完整的。

孔融让梨是爸爸妈妈的价值观，而不是从人性出发的，对孩子有害无益，没法支撑孩子走得长远。

不要过多介入孩子的社交

0~6岁孩子的学习，不是知识的传递，而是自己去体验。经历以后，自己就能习得。所以，我建议家长在这个阶段，不要过多地插手孩子的社交。

然而，很多家长都做不到这一点。他们会介入孩子的社交，甚至给孩子挑朋友圈。比如，这个小朋友家里条件不好；那个小朋友学习成绩不好；另一个小朋友整天就知道玩游戏。这样的小朋友，家长往往会让自己的孩子远离他们。

升上小学和初高中后，家长对孩子的社交活动的介入越来越少。可是，孩子习惯了受家长掌控，家长的参与度一旦降低了，孩子就会不自觉地往后退，导致他们越来越缺乏解决问题的能力。

社会上"妈宝男"多，很主要的一个原因就是妈妈太强悍，所有的事情都想替孩子解决。妈妈们不妨问一下自己，孩子到了中学、大学，遇到问题你还要去找老师吗？孩子进入单位工作，遇到困难你还要去找领导吗？孩子未来成了家，夫妻出现矛盾你还要去找他的配偶吗？

孩子的人生，应该由他自己做主。父母要把握好自己的原则和底线，千万不要过度介入孩子的社交。

做倾听者，而非审问者

孩子从幼儿园放学，家长见到孩子的第一句话往往有几种形式：今天在幼儿园老师批评你了吗？有人欺负你吗？你吃饱了吗？你学了些什么？这些话一出口，家长的身份就确定了——不是倾听者，是审问者。

你给孩子的感觉，就像是你刚从公司出来，你的家人开车来接你下班，第一句话就问你，今天领导批评你了吗？同事挤对你了吗？甲方难为你了吗？请问你想回答吗？如果你不想，那孩子也是同样的感受。

如果家长们真的想问，我建议用放学路上或者晚上睡前的时间，跟孩子聊一聊。"今天在单位，我吃了三明治，你呢？"采用这种互动式的交流，而不是拿一个提纲，每天照着它问上几遍。

如果孩子想说，家长就认真听着；如果他不想说，也不必强求。要知道，孩子想要倾诉的时候，一定是他待在有安全感的环境里时。面对有信任感的人，他才会想聊一些东西，而且越聊越多。

家长要学会做倾听者。吃完饭，出去散步，孩子想跟你聊点什么，他说你听，这就够了，不需要过多地追问。

有些家长喜欢问封闭型的问题，让孩子回答"是"或"不是"：

老师对你好不好？好。

今天饭好不好吃？好吃。

总是问这样的问题，会把孩子问得烦了，你能得到的答案，也只是"不好""不想吃""不喜欢"。实际上，这样问完全没必要。

最后，我想告诉各位家长，社交是孩子的社交，虽然他是你的宝贝，但请不要剥夺他感受和经历的权利，不要让你的社交能力，变成他成长的天花板。

父母是孩子最好的玩具

有人问，什么玩具对孩子成长最有价值？我会告诉他，父母就是孩子最好的玩具。

在育儿的过程中，一个优秀的父母，会照顾孩子的感受，细致地观察孩子的反应，在他做对事情的时候，及时给予肯定、奖励和激励。

但很多父母却以生活压力大、工作忙为理由，用电子产品替代自己去陪伴孩子。这是越来越多的孩子热衷于电子产品的源头所在。

孩子之所以爱玩游戏，甚至不用你教就比你玩得好，是因为游戏做到了父母本该做到的事情。进入游戏界面，就有手把手的教程告诉孩子怎么玩，孩子做对了，还会叮咚叮咚地掉金币。

从某种程度上说，游戏是了解孩子的最近发展区的。难度总是由易到难，每次跳跳就可以够着。不断地掉金币，奖励孩子即刻的动作。孩子永远无法预估过完这关会得到什么奖励，这又能激发他的好奇心。

家长们可以想一想，你有没有这样细致地带领孩子做过一件事？

我见过的大多数家长，都不会这样。比如，他们让孩子用筷子吃饭，直接就给孩子一双筷子，让他用起来。孩子没有锻炼过手部力量，没有经过逐步的试错，他肯定是不会用的。如果因为这件事就对孩子发脾气，那你一定成不了孩子最好的玩具。

那么，如何做孩子最好的玩具，提供高质量的陪伴呢？其中一个核心，就是立规矩。

规矩是一起商定的，大家都要遵守

说到立规矩，就不得不提打孩子。

孩子不是不能打，但不能天天打。尤其是三岁前，一定不要打孩子。首先，很多行为都是他们敏感期的表现，不是他们故意要犯错，比如吃手、揪头发。这个年龄段，讲道理、打骂都没有任何作用，还会破坏孩子的安全感。

如果真要打孩子，我希望只打一次就好，让他知道规则，以后就不再打第二次，而不是用规矩来压他。所以，大家千万不要拿着这本书说，是景老师说的可以打孩子。打的目的是以后不打，它只是一种教育孩子的手段，要适可而止。

我们家立规矩，会找个时间，一家人坐在一起开家庭会议。

任何一个规矩立出来，都是针对全家的。比如：吃饭必须坐在餐桌前，吃完饭才能离开座位；吃饭不许看手机、电视；有人在写作业、看书时，看电视不能声音太大，打扰别人；不能在别人家乱翻……

我家有一根戒尺，作为家法，用架子供着，放在所有人都能看到的位置。我儿子用左手写字，经常不封口，他就和爸爸立规矩，写字不封口打一板子。他说："爸爸不封口也要打手。"他爸说："当然了，这是规矩。"

有一次，我在线下给几百个人讲课，手机一直振动，摁了又响，摁了又响。我想，应该是有什么急事，于是跟台下的人说，今天既然讲家庭教育，咱们就一起听一下专家是怎么教育孩子的。

我接通电话，听到了儿子的声音："妈妈，上次我写'日'字没封口，爸爸说，要是再不记得封口，就要打一板子。今天他给我写评语，没有封口，我要打他一板子。爸爸说不行，爸爸不遵守规则……"

我就跟老公说："老金啊，你不能只准州官放火，不许百姓点灯。规则是你和孩子一起立的，那就要遵守呀。"他说："好吧，景老师，你继续讲课吧。"电话那头，我听到我儿子特嘚瑟地拿着戒尺，问他爸爸打哪里，爸爸说："打左手吧，我左手不写字。"儿子就在我老公的左手打了一下，然后高兴地哼起了歌。

台下的家长哄堂大笑，也都上了记忆深刻的一课。

立规矩，需要相应的奖惩制度

立规矩时，我建议一星期立一条就好。经过七天的强化，孩子记住了这一条，我们再加下一条。而且，立完之后，要设置奖惩制度。

比如，我儿子的奖励，就是游戏时间。

我跟儿子说：早上按时起床奖励 5 分钟；下午回家按时写完作业奖励 5 分钟；饭后收桌子做家务奖励 5 分钟。一共 15 分钟游戏时间。如果你 8 点 30 分还没写完作业，晚 1 分钟扣 1 分钟；你玩游戏，15 分钟闹钟响，你没把手机或平板电脑拿回来，明天扣你 5 分钟；明天还超时，停你一礼拜；偷偷摸摸拿平板电脑听故事或者玩游戏，停一个月。

我无数次想从门缝看到他在偷偷玩游戏，但看了好多年都没逮到，因为他太明白管好时间、管好自己的重要性了。从小到大，他没迟到过。他的学习成绩，虽然不总是第一，但他的自律、时间感、阅读兴趣一直很强，这都是从小培养的。

有一次，我儿子同学过生日，我和儿子说，只要他按时回来，就有 15 分钟游戏时间的奖励。他答应我 8 点 30 分回来，还真的准时跑回来了，嘴上还沾着蛋糕。

过了一会儿，班级群里的一个妈妈说："你怎么给孩子教成这样的？"

我说："不好意思，是不是给您添麻烦了？"

她说："不是啊。所有孩子都在玩游戏，他从书架上拿了两本书，坐在地上看了一个多小时。突然有人说7点多了。他过来跟我说：'阿姨，咱们能不能8点吹蜡烛，因为我从这儿跑回家要10分钟，如果8点30分吹蜡烛，我回家就迟了。'吹了蜡烛，开始吃蛋糕，他说：'阿姨，我能不能再吃一小块，因为我这会儿不吃，回家路上我会很想吃……'"

和那个妈妈聊完，我才发现，不知不觉中，孩子已经成长为"别人家的孩子"。

规矩和奖惩制度的存在，让孩子在社交中变得很具主动性。无论在家还是在外面，他都能做到有礼有节，不失风度。

惩罚之后给孩子心理安慰

我曾在成都筹建宋庆龄国际幼儿园，那时孩子2岁多，还穿着尿不湿，太小了，只能带着他和保姆一起在成都居住。

有一次，我请幼儿园的老师们到家里吃饭，他们都是年轻的小姑娘、小伙子。我儿子一看家里来了那么多哥哥姐姐，大家又都在逗他，一激动就下了座位。这违反了我们家的一条规矩：吃饭不能下座位。

我对儿子说："豆豆，请你坐回去。"他很听话地坐了回去。没过一会儿，他看到我正跟他们说话，以为我没注意他，就又下来了。

我对他说："这是第二次了，如果有第三次，你知道是几板子。"他笑嘻嘻地看着我，以为我逗他玩呢。

我遵守吃饭的时候不惩罚孩子的规矩，当时没有惩罚他。

吃完饭之后，我坐在沙发上对他说："豆豆，你过来。"我让老师们背过脸去，又让儿子脱下尿不湿，说："儿子，这三下，妈妈必须打你的。"

他说："我错了，不敢了。"

"妈妈有没有提醒你？"

"有。"

"提醒了几次？"

他伸了两个手指头。

我说："好，那今天就是两板子。咱们没有带家法来成都，就用这个小树枝吧。"

我在他屁股上，左边打一下，右边打一下，才把他的尿不湿提上来。

我儿子哭了，我把他抱在怀里，说："你知道吗，妈妈是爱你的。打在你身上，妈妈心疼吗？"

"疼。"

"你再告诉我，是妈妈打了你，还是谁打了你？"

儿子哭着说："不是妈妈打我，是规矩打我。"

儿子哭，那群老师也跟着哭，说："景园长怎么这么狠心？"

我说这不叫狠心，这是从他一两岁开始，我们全家立的规矩。不管走到哪里，都要让他明白，永远要敬畏规矩。规矩是我们一起制定的，就要一起遵守。只有在守规矩的前提下，我儿子才是自由的。如果我不教他遵守规则，以后社会的鞭打会更残酷。

最后，我想说，做父母一定找准自己的定位。不要总是高高在上，只做规矩的制定者、执行者。你和孩子是平等的，你对孩子的尊重，才会换来孩子对你的尊敬。

每个孩子都是"社牛"潜力股

我儿子是典型的"社牛"。

我们家离学校很近,而且因为我和先生之前工作特别忙,从二年级开始,他下午放学后需要自己吃完饭,去上兴趣课。

有一次,他忘带钱了,就直接跟老板说:"老板,我忘带钱了,能不能先在你这儿吃一碗牛肉面,今天晚上再给你送钱?"老板答应了。他就在那里吃了一碗赊账的面。

等到晚上去送钱,老板说:"老师啊(重庆人见谁都叫老师),你们家孩子怎么培养的?"我说:"不好意思,今天在您这儿赊账了。下次我们会注意的。"

他说:"不是赊账的问题,他太可爱了。他让我一定要好好经营饭店,说他都长到8岁了,这是他吃过最好吃的面,可千万不能倒闭,我要倒闭了,以后他去哪里吃这么好吃的面……"

就因为这件事，他和老板成了"兄弟"。我们每次去吃面，他碗里的肉都比我们多。

他能形成这种性格，是因为从小只要他有进步，我都会由衷地赞美他。所以，他看到别人的好，也会毫无保留地表达自己的真实感受。他就像一朵向日葵，走到哪里，所有人都觉得这孩子很阳光。

那么，父母做些什么，能帮助孩子更好地提升社交能力呢？

组建育儿公社，创造社交的机会

家长们在社区可以和同龄孩子的家长组建一个育儿公社。

一个周末，我去九滨路喝咖啡，看到四五个妈妈，还有一个爸爸，带着七八个孩子在骑行。我开始以为是哪个兴趣班出来上课的，后面才知道这是他们自发组建的"育儿公社"在搞活动。

这些家长中，有的善于做小点心，有的英文特别好，有的擅长做手工，有的擅长做瑜伽，有的擅长画画，还有的热爱户外运动。孩子们骑完自行车，把自行车排成一排。擅长做瑜伽的妈妈在地上铺好瑜伽垫，在阳光下，带着孩子做亲子瑜伽。

这些家长轮流带孩子，不仅节约了托管费，还帮助孩子创造了在小区里的社交圈。何乐而不为呢？

除了组建社群，家长可以多带孩子参加公益活动，或者是社区、幼儿园、兴趣班的比赛。参加这些活动，能帮助孩子破圈，结识更多兴趣相投的人。

引导孩子提供社交价值，为爱的人付出

在社交中，孩子虽小，却也能提供很多价值。家长要做的，是协助，为孩子的社交提供相应的材料。

提供情绪价值

比如，一群小朋友正在踢球，你家孩子想参与其中。如果孩子直接跟那些小朋友说："我也想踢球，能不能让我参加？"那些小朋友十有八九不愿意。多一个人踢，就意味着他们上场的机会少了。

所以，最好的方法，是让孩子先当球童，给他们加加油、捡捡球、递递水、翻翻记分牌，也就是给团队提供情绪价值和有价值的服务。在这之后，再问他们："我能参加你们的队伍吗？"其他小朋友会觉得，孩子是有价值的，团队需要他。加入他们的请求，就更容易被接受。

学会付出

我前面讲过，给孩子的零花钱，有一部分孩子可以用来买礼物和大家分享。

从小到大，我儿子都会参加朋友的生日聚会，但他很少会花钱买礼物，而是把自己喜欢的书送给对方，并在上面认真地写：祝你天天开心哦！

当然，那些他特别喜欢的书，是他用买书基金一本一本积攒起来的，送出去会让他感觉舍不得。

后来，他在西西弗书店看到了一本《世界动物地图》，他说："这个礼物不错，便宜，个儿还大。同学们都没有。"于是，每个男同学过生日时，他都让我和他一起到书店去买这本书，当作礼物送给人家。

在他尝试用自己的零花钱买礼物送给别人时，就意味着他开始懂得人情往来，知道这个人是自己的好朋友，给自己提供了很多帮助，给了自己很多关心，自己要回报他。

这个年龄段，作为父母，要让孩子明白，他可以为爱他的和他爱的人去付出了。

利用社交货币

在班上，如果孩子有很喜欢的小伙伴，却不知怎么和他们交朋友，那家长接孩子放学时，可以带点自己做的小点心、切好的小水果，让孩子和小朋友们分享。这样不仅给孩子创造了社交机会，你也能跟其他家长分享厨艺。

这些小点心就是一种社交货币。

亲身示范，给孩子潜移默化的教育

父母通过言传身教，能潜移默化地影响孩子的社交发展。

有一次，我通过一个知识平台，把知识变现的钱全捐了出去，平台给了我一个慈善奖。我在出差，就让老公带着儿子上台去领奖。

后来，我儿子问我："妈妈，你为什么把自己的钱捐给那些不认识的人？"

我说："在我还是一名普通的幼儿园老师时，我读研究生也没有钱，但是有位好心的先生资助我把书读完了。他说，他改变一个老师的命运，老师就会改变更多孩子的命运，更何况是像我这样优秀的老师。有人曾经帮助过妈妈，所以，我现在有能力了，也可以帮助那些有需要的人啊。做这件事让我很快乐，我就去做了。"

那个时候他还小，似懂非懂。

后来，当他要捐助"流浪小动物收容中心"的时候，他出多少零用钱，我和他爸爸就每人再出双倍，陪他一起去买狗粮，一包包地扛到现场。

当他作为班级图书管理员，要把班上图书角的书捐赠给山区的孩子时，我就帮他联系接收的学校，陪他一起清点，顶着40摄氏度的高温看他推着小车一趟又一趟地去寄包裹。

他听说我有一个云南山区的学员妈妈，有4个儿子，大的9岁，小的才1岁半，就说："你养我一个都这么辛苦，那个阿姨得多累啊，妈妈，我得做点什么帮帮她。"于是他用了整整一个下午整理他的书架，把自己小时候看的书挑出来，打包成 12 个纸箱，寄给了弟弟们。

直至今日，我的豆豆都算不上常人眼中的"学霸"，但他真的是我的骄傲。他懂得财富的价值，懂得社交中真诚待人，有同理心，愿意热心帮助他人。这样真好。

看到很多家长在给孩子购买各种情商课程、财商课程、口才课程……我真心地说一句：没必要，生活就是最好的课堂，父母就是孩子最好的老师。我们的一举一动，孩子时时刻刻都尽收眼底，我们的价值观和做事的方式，都在润物细无声地影响着孩子。

最后，我想告诉父母们，如果你家养了一只"小孔雀"，放心，他就是"社牛"；

如果你家养了一只"小老虎"，他不仅是"社牛"，还想让大家听他的；

如果你家孩子是一只"小猫头鹰"，一定要帮他找到兴趣相同的朋友，他们的友谊会是地久天长的；

如果你家孩子是只"小考拉"，你也无须担心，他宽厚的性格会吸引很多人想和他做朋友。

"我"做不了的事，"我们"可以

很多家长都希望孩子在团队里有自己的声音，敢表达，有影响力。他们带孩子参加兴趣班、活动，都是想让孩子拔尖，站 C 位。但是，长期让孩子单打独斗，他们就不知道什么叫团队合作，什么叫集体的力量。

在美国，孩子 6 岁前是不允许参与一对一竞技的。6 岁之前，正是孩子产生兴趣、建立自信的阶段。如果比一场输一场，孩子的兴趣和信心就会受到很大的打击。如果他是团队的一员，那就不一样了，他会知道"我们"好在哪里。

我不会让我的孩子在 6 岁前去参加一个独立上台的表演或比赛，担心他的心灵受到打击。但我允许他以小组的形式去参加小小篮球赛、小小足球赛。在这个过程中，他会知道，组成团队是多么棒的一件事。

大家可以为了一个目标去努力。如果赢了，有更多人分享自己的快乐。如果输了，有更多的人和自己一起复盘、调整情绪、调整战术，一起走向更好。不用家长介入，孩子会互相影响。

当孩子4岁以后，有了团队合作意识、物权意识，明白什么叫分享，加上他已经学会了等待、平等，他就具备了团队合作的基础。

当然，在这个基础上，需要家长们引导孩子学会自我肯定，明白自己的价值：我是值得被爱的，我是有价值的。

那么，让孩子拥有团队意识，我们需要注意些什么呢？

学会三句话，表达真实的感受

孩子在幼儿园，要会说三句话。

第一句，"我想"，提需求

无论什么时候，只要有需求，哪怕是上课时，孩子都可以大胆地举手说："景老师，我想上卫生间。"只要孩子按照规则举手，提出自己的需求，他就会被看到。

很多家长出于各种目的，想要托关系送礼，让老师多关注自己的孩子。我告诉家长们，真没必要！

你只要告诉小朋友：想做什么要跟老师说清楚，只有这样老师才能帮你。

我真的就遇到很多孩子跟我说："景老师，我跟 ×× 是好朋友，我要坐在 ×× 旁边。""来，坐这儿就是了。"老师肯定会满足孩子的合理需求。

团队建立的基础，是彼此信任和支持，孩子的需求，应该尽量满足。

第二句，"我不想"，拒绝不舒服、不正确的指令

让孩子学会拒绝让自己不舒服的或不正确的指令和要求，无论是面对老师还是面对小朋友。

比如在幼儿园里吃饭，孩子吃饱了，就可以说：

"老师我不想吃饭了，我想喝汤。"

"老师我不想吃饭了，我想看书。"

老师会说："好了，把碗送过去，看书去吧。"

还有的小朋友会说："明明，我不跟你做朋友了，你总是欺负别的小朋友，这不是好孩子。"

…………

很多家长觉得，孩子就是要听老师的话，就是要听大人的话，这样才是乖宝宝。其实孩子去幼儿园，只是配合老师完成每天的教学活动，他们有拒绝的权利，尤其是他们感觉不舒服时。否则，只是一味地服从，就像你在一个工作单位里，凡事都只是听话照做，你还有工作的热情吗？

要让孩子学会批判式思考，有自己的观点、角度，带着头脑去社交。

比如，在班里，要选班长，孩子可以大胆推荐自己："老师，我认为我当班长是最好的，因为我愿意帮助大家，我会发勺子，我认数，不会发错的。"

任何时候，告诉孩子，不要因为对面是老师、专家，就放弃自己的想法。只有学会批判式学习，孩子才能有自己的态度和观点，才能够在团队中发挥自己的价值。

找到归属感，学会团队合作

讲个我自己的故事吧。

我从小就在童声合唱团，因为音准好，声音条件也合适，就一直担任低声部的声部长。从小学开始，哪怕我每次都是站在舞台第一排的正中间，但是任何一首歌（除了我做领唱时），我都没有唱主旋律。

有时候妈妈让我给她表演一下，都会以为我跑调了。她问我："你天天唱低声部，我都听不出来你的声音。你觉得这样好吗？"

我说:"我们老师说过,合唱听的就是四个声部融合在一起的效果,而不是单独听某个人的声音。所以妈,你听不见我的声音没关系,但你听听我们合唱出来的效果,是不是比一个人唱得好听?"

虽然那时候我不知道什么叫团队合作,但我懂得一点:在演唱的时候,为了最后的效果,我不能为了表现自己而喧宾夺主。一个人的声音,跟整个团队发出的声音比起来,感染力是不一样的。当时我就意识到,哪怕我是团长,我也要服务于最后的结果。

还有一件事情,让我明白了,怎么让大家找到归属感,学会团队合作。

我的胳膊上有一道很长的疤,那是我小时候打篮球留下的伤痕。当时,在学校的篮球队里,我个子最小,打的后卫。

有一次参加比赛,我跑动的时候摔了一跤,胳膊上划了一道很长的口子。但是我们队就五个人,没有替补,我只能简单清洗伤口,贴个创可贴,准备继续上场比赛。

我妈在场下观看比赛,对我说:"闺女,咱不打了。你都流血了,干吗这么拼,咱家又不指望你靠打球挣钱!"

我当然知道妈妈是心疼我,但我不能放弃球队,因为场上的其他四名队员都是体校的借读生,她们四个真的是要靠比赛结果去改变命运的!我就带着伤上场,继续参加比赛。

那个时候,我很清楚,平时大家训练得很刻苦,作为团队上场比赛，我绝对不能因为自己，让小伙伴们的汗水白流。

我想送给大家一句话："我"做不了的事，"我们"可以，请让孩子从小学会社交，养成团队意识，这样，孩子在家有你，出门有"我们"。

主动一点，突围校园霸凌的困境

"韩信在淮阴，少年相欺凌"，校园霸凌似乎是古而有之，现今的校园霸凌不是个案，它是学校、家庭乃至整个社会所面临的共同课题。在孩子的社交活动中，一定要教会他如何主动应对校园霸凌。

所谓霸凌，是长时间地、持续地、故意地对他人进行心理、身体和言语的攻击。霸凌行为具有"侵略性"，并包含两个重要特点。

第一，权力失衡：具有权力的孩子会运用他的权力（例如，体形或年龄优势、社交地位，或是得知某些把柄）去控制或伤害他人。

第二，重复性：这个行为不止发生一次，或是有可能持续发生。

不论被欺负的孩子，还是欺负人的孩子，都可能因霸凌事件而受到长期且严重的不良影响。

霸凌行为大致有三类。

第一类，肢体性：踢、推、打人等。

第二类，语言性：嘲笑、取绰号、骂人、恐吓等。

第三类，关系性：排挤、传谣言等。

在幼儿园，发生霸凌的情况并不多。家长每天早晚都可以看到老师，还可以及时与老师沟通孩子的情况，这样的困扰会少很多。

我之所以还要提霸凌，是因为孩子一旦上了小学，两节课之间会有空当，中午吃饭前后、下午课外活动前后也有空当。在脱离老师视线的时候，很多场合都可能发生校园霸凌，比如校车上、公交车上、操场上、学校餐厅里、社团活动场所内、补习班上等。所以，应该让孩子早点了解校园霸凌，这是孩子在 6 岁前应该准备好的一课。

而且，面对霸凌，只有少部分孩子会告诉老师或父母，因为霸凌让他们觉得无助、被孤立、没人关心、不被理解，常常伴着羞辱、难堪的经验。孩子不愿意说，也是因为害怕被家长批评或惩罚，还有就是担心被报复，或者因打小报告而被同学瞧不起、失去朋友。

那么，如何降低孩子遭遇校园霸凌的可能性呢?

蛛丝马迹需要引起重视

很多孩子在遭受霸凌时，会发生细微的变化。身为家长，应该重视下面列出的蛛丝马迹：

- 无法解释的伤痕；
- 衣服、课本、电子产品、饰品无故遗失或损坏；
- 经常头痛、胃痛或各种不舒服，甚至装病；
- 饮食习惯改变，厌食或暴饮暴食（孩子可能在学校没吃午饭，饿肚子回家）；
- 睡不着或经常做噩梦；
- 成绩下降、对学业缺乏兴趣或者不想上学；
- 突然失去朋友或避免出席社交场合；
- 感到无助或自尊心降低。

当孩子遇到校园霸凌，可能会出现上述表现。但不意味着，只要有其中一项表现就证明孩子被霸凌了。罗列这些变化，只是想给大家一个参考。一旦真的发现霸凌，家长第一时间要做的，不是去学校闹，而是保留证据。

积极沟通，保护双方的孩子

任何事情的解决，沟通都是必不可少的。减少霸凌，当然也不例外。积极地和孩子沟通，主要分为三步。

第一步，倾听、了解事发经过，告诉孩子你想帮助他。

第二步，让孩子知道被霸凌绝对不是他的错。某些孩子可能会有障碍，纠结，无法敞开心扉谈论此事，也可以考虑请学校或专业的心理辅导老师来协助。

第三步，教孩子如何预防，以及未来发生类似事件可以怎么应对。

比如，孩子告诉你，别人打他，他不知道该怎么办。你不要让他打回去，因为孩子的认知能力并不强，他完全无法预估对手的能力。如果他本来就很弱，他打回去可能会换来更大的伤害。如果他很强壮，你的麻烦会更多。孩子看谁不顺眼，就会把他打倒。你天天被老师叫去，天天带着孩子给人家赔礼道歉，日子会更难过。

正确的做法是，当孩子跟你说了他的遭遇，倾听完以后，你首先要对他说："妈妈（爸爸）理解你，是不是现在心里有点懊恼、有点生气、有点不舒服？"

然后，你可以编个自己小时候的故事。比如，妈妈（爸爸）小时候也被人欺负过，那时候我想打回去，可是我的力量太小了。怎么办？我妈妈就告诉我，有人打我的时候，一定要做两件事：

一是声音洪亮地告诉他"住手，打人是不对的"。

二是赶紧报告老师。如果老师离得远，就一边跑，一边呼喊老师。

你把这个故事给孩子讲完以后，不用问他"你记住了吗"，你只要告诉他，自从你用了这个方法，再也没有人欺负你了。这是对自己孩子和对方孩子最好的保护。

给孩子足够的底气

很多遭到霸凌的孩子都是缺乏自信的，他们不知道自己的价值，不知道自己值得被爱。一个长期缺乏认可、关注的孩子，一旦有个人对他好一点，他可能就会沦陷。他会觉得，虽然这个人总欺负我，可是我只有这么一个朋友。为了朋友，我可以忍受被霸凌。

所以，家长朋友们，请让孩子发现自己的价值，让孩子学会自我赞美、自我肯定。多给孩子拥抱和爱，让他明白，他是值得被爱、值得被尊重的。这样，他才不会接受别人施舍的友谊。

关于自信，很多家长都有一个困扰，孩子在班里不敢大胆发言，说话不够大声。

每每有家长跟我探讨这个问题，我都会给出一个相同的答案：你要做的不是在家里跟他念叨"你要大声，你要勇敢"，而是要用好老师。

我通常会跟家长说："回去让孩子唱会一首儿歌，在家给你们表演几遍，做到滚瓜烂熟。他学会了儿歌之后，你告诉我一声。"

每次中午吃饭前，洗完手，我总会说："谁愿意给大家唱一首儿歌？"当他上去唱的时候，我会说："你的声音很好听，但后边的小朋友听不到，你可以大声一点吗？"

他就开始大声地唱："门前大桥下……"他唱完之后，我会问："小朋友们，他的声音好不好听？"大家说："好听！"我说："来，鼓掌的声音更大一点。"

然后，我跟他说："听到了吗？你的声音，大家都说好听。你今天唱的儿歌，大家都没听过，大家都很喜欢。所以麻烦你回家再学一首，下一次景老师忙不过来，你来帮我给大家唱儿歌，好吗？"

至此，我对孩子的一次引导就结束了。积年累月的引导下，孩子的自信心就建立起来了。

我以前陪伴的很多小朋友，现在都已经成为小朋友的父母了。看到那么多人如此长的历程，我才下定决心写这本书。我想让大家明白，0～6岁儿童的教育，比孩子上什么样的大学，对孩子一生的影响更大。

在0～6岁这么重要的6年里，我希望家长们不要按照自己头脑里既定的蓝图，让孩子按部就班地长成你心目中那个优秀的样子。因为，很有可能你的认知已经限制了他成长的高度。

这个时代，唯一不变的事情就是始终在变。怎么才能让你的孩子成为最好的自己？就是在掌握教育规律以后，学会读懂孩子的行为、性格，知道跟他沟通的最合适的方式。

找一个合适的角度，陪伴他、支持他、欣赏他。在这个过程中，你的孩子能感受到被高度尊重，又获得了高度的胜任感，他就会更有自驱力。

孩子 7 岁以后，你会轻松很多。因为你已经给了他一个最好的引擎，剩下的路，你在旁边鼓掌、陪伴就好了。

图书在版编目（ＣＩＰ）数据

陪孩子走稳人生第一步 / 景致著. -- 杭州 ： 浙江
教育出版社，2024.4
ISBN 978-7-5722-7723-8

Ⅰ．①陪… Ⅱ．①景… Ⅲ．①幼儿教育－家庭教育
Ⅳ．①G781

中国国家版本馆CIP数据核字(2024)第072681号

责任编辑	赵露丹	**美术编辑**	韩　波
责任校对	马立改	**责任印务**	时小娟
产品经理	谷　旸	**特约编辑**	陈阿孟

陪孩子走稳人生第一步

PEI HAIZI ZOU WEN RENSHENG DI-YI BU

景致　著

出版发行　浙江教育出版社
　　　　　（杭州市天目山路 40 号　电话：0571-85170300-80928 ）
印　　刷　三河市中晟雅豪印务有限公司
开　　本　880mm×1230mm　1/32
成品尺寸　145mm×210mm
印　　张　9
字　　数　178000
版　　次　2024 年 4 月第 1 版
印　　次　2024 年 4 月第 1 次印刷
标准书号　ISBN 978-7-5722-7723-8
定　　价　68.00 元

如发现印装质量问题，影响阅读，请联系 010-82069336。